美 丽 新 疆 丛 书

《美丽新疆丛书》编委会

主　任
谭　跃　　古力先·吐拉洪

副主任
李　岩　　王跃平

编　委
管士光　张贤明　于文胜　李贵春　刘祚臣　周绚隆

BA

AI

KEZAI

XINSHANG

美丽新疆丛书

史林杰/著

把爱刻在心上

人民文学出版社
新疆美术摄影出版社

图书在版编目(CIP)数据

把爱刻在心上/史林杰著.—北京：人民文学出版社,2015
（美丽新疆丛书）
ISBN 978-7-02-011057-5

Ⅰ.①把… Ⅱ.①史… Ⅲ.①精神文明建设—先进事迹—新疆 Ⅳ.①D648

中国版本图书馆 CIP 数据核字(2015)第 165932 号

责任编辑　胡文骏
装帧设计　刘　静
责任校对　韩志慧
责任印制　苏文强

出版发行　人民文学出版社
社　　址　北京市朝内大街 166 号
邮政编码　100705
网　　址　http://www.rw-cn.com

印　　刷　北京瑞禾彩色印刷有限公司
经　　销　全国新华书店等

字　　数　150 千字
开　　本　787 毫米×1092 毫米　1/16
印　　张　15.25　插页 3
印　　数　1—3000
版　　次　2015 年 7 月北京第 1 版
印　　次　2015 年 7 月第 1 次印刷

书　　号　978-7-02-011057-5
定　　价　45.00 元

如有印装质量问题，请与本社图书销售中心调换。电话：01065233595

掀起大美新疆的盖头

古力先·吐拉洪

关于新疆，曾经有过一个有意思的对话。一次，有人问英国历史学家汤因比："如果让你重新选择出生地，你希望自己出生在什么地方？"

汤因比回答说："我希望能出生在公元纪年刚开始的一个地方，在那个地方古印度文明、古希腊文明、古伊朗文明和古老的中国文明融合在一起。"汤因比假设的出生地就是古代新疆。之后，他又说："打开人类文明历史的钥匙就遗落在新疆。"汤因比是英国著名历史学家，其著作《历史研究》被誉为是"将人类史当做一个整体来加以考察"的作品，书中论述西域的一章以"英雄时代"为名，足见他对古代新疆的迷恋。

新疆古称西域，曾有许多民族在此繁衍生息，形成了独特的游牧历史和文化——张骞出使西域开凿的"丝绸之路"，是有史以来世界上最长的通商之路；印度佛教、伊斯兰教传入西域后，掀起了东西方文化交流的高潮；历朝历代经营西域后，各游牧民族积极参与到推进华夏文明进程的行列，创造出了辉煌的地域文明；为了生存，游牧民族亦创造了美丽的边地家园，其丰富和繁荣曾一度令世人瞩目。后来，随着时间流逝，一些游牧民族远走他乡，将自己融入推进到世界发展的浪潮中，亦将游牧文明传入世界文明之河。这一时期的古代新疆，成为东西方文明的交汇地，为新疆文明的发展和传承起到了举足轻重的作用。

再后来，这块土地发生了更大的变化，风沙将王国的城池湮没，迁徙让一些游牧民族永远消失了背影，与他们一起消失的，还有世界上最古老的语言和文字……随着时间推移，他们消失时留下的生命景象，在今天变成了独特的文明——楼兰干尸唇角存留了两千多年的微笑、龟兹壁画中鲜艳的色彩和生动的人物、被人们称为"露天博物馆"的高昌和交河故城，以及出土的主妇纺车上还没有纺完的一缕毛线、一封未寄出的书信、一个王国首领没来得及拆阅的泥封简牍，等等，都让人产生无尽遐思。

当然，古代新疆有很多灿烂辉煌的文明在时间的长河中延续了下来，变成了今日新疆欣欣向荣的艺术——文学、舞蹈、音乐、美术、建筑，以及各少数民族的习俗、风情等等，仍然呈现着悠久的传统人文色彩；历史、史诗、传说、典籍和故事，仍然如同血液一般温热，是对新疆大地有力的养育和支撑；沙漠、雪山、草原、湖泊和河流，仍然散发着人类净土的醇香，让生存于此的人们欢欣慰悦，安然从容。

正是基于传承和展示新疆大美的目的，人民文学出版社和新疆美术摄影出版社联合出版了"美丽新疆"丛书——《两千年前的微笑》《阳光抚摸的高地》《琴弦上的家园》《把爱刻在心上》。该丛书关注的主题分别为西域历史，人文地理，民俗风情和各民族典型人物等。从丛书的内容可看出，作者们沉迷于新疆，写出了四部优秀作品，其风格独树一帜，地域气息浓烈，达到了审美的较高境界。

《两千年前的微笑》关注西域历史，用文化大散文的形式，叙述了新疆自古代西域延伸至今的人物和事件，具体的人物有张骞、班超、苏武、玄奘、阿曼尼莎汗等；具体的事件有楼兰、龟兹、高昌、交河（车师）等，以及在文化方面涌现出的《福乐智慧》《突厥语大词典》等，为读者提供了了解西域历史的读本。

《阳光抚摸的高地》对新疆的草原、沙漠、湖泊、河流、雪山、牧场、古道、森林、湿地和村庄等做了全方位叙述，旨在展示新疆独特的地理风光，让读者领略新疆大美。

《琴弦上的家园》展示的是新疆的民俗和风情，作者们从具体的场景入手，介绍新疆各少数民族的生存景象，以及生活中的民俗内涵。全书通过具体的细节，介绍在悠久历史和民族文化背景下的民俗文化和风情意味，为读者提供了解新疆、认知新疆的机会。

《把爱刻在心上》关注的是新疆近年来涌现出的先进人物，他们在民族团结、追求理想、关爱社会与他人的过程中，做出了可歌可泣的感人事迹。这些人物先后被评为"感动中国人物""最美新疆人"等，有一定的宣传意义。

掀起大美新疆的盖头

  该丛书的主题是呈现新疆，作者们将目光集中于每一选题，逐一将设定的主题创作完成。在每一主题中，都注重体现出地域特色和人文情怀，呈现出丰富的新疆故事。新疆辽远阔大，无论是历史、族群，还是地理或人文，都有博大的背景和凛凛的气魄。作者们的视角与新疆地域形成一致对应，找到了适合他们叙述的题材，对新疆做了一次全方位展示，从中可见大地域，大风貌，大山川，大视角，大气韵，读来有强烈的气息扑面而来。

  "美丽新疆"丛书的策划和出版不仅是对新疆最全面的展示，也是两家出版社友好合作的一次见证。今年正值新疆维吾尔自治区成立60周年，两社合作推出"美丽新疆"丛书，作为向新疆维吾尔自治区成立60周年的献礼作品。这是两地出版业"走出去"的有力举措，也是在"一带一路"大方针下，共推出版发展的有益尝试。

  辛弃疾有词"袖里珍奇光五色，他年要补天西北"，"美丽新疆"丛书具有真挚的艺术追求，体现出了高端的精品意识。我相信，该丛书不但展示了新疆独特的风貌和人文蕴涵，同时也将成为世人了解新疆、认知新疆的良好读本。

二〇一五年六月

目 录

1/ 用精湛医术托起千家万户的幸福

11/ 维吾尔族群众离不开的汉族村官

20/ 他们都是我的孩子

29/ 一位护边员的守防人生

37/ 坚守诺言,为战友护陵守墓

46/ 大漠深处的"活雷锋"

53/ 新疆好巴郎的爱心之旅

63/ 我会照顾你一辈子

70/ 将中国刻在心尖上

78/ 我们的救命丫头

84/ 包扎墩牧民的守护者

93/ 为维吾尔族兄弟无偿捐肾的汉族姑娘

102/ 私车公用大叔

109/ 公平和正义是我的誓言

115/ 踌躇满志自强奋斗携残友圆梦想

123/ 农民喜爱的宣讲员苞谷馕部长

132/ 老人9年拾荒还债，坚毅诚信感动中国

140/ 呵护守防官兵心理健康的白衣天使

149/ 走出家门开启精彩人生

161/ 带着瘫痪丈夫去援疆

171/ 46年坚守焦裕禄精神的高地

178/ 火海勇士

187/ 杰恩斯别克和马班邮路

192/ 最美女村支书

198/ 舍生取义勇救落水少年

205/ 世间最亲的汉族丫头

211/ 献身公益事业，爱心诠释美好

217/ 粉条大王闯市场

222/ 把心底最柔软的地方留给新疆

228/ 杰米拉撑起盖买一片天

用精湛医术托起千家万户的幸福

——武警新疆总队医院院长庄仕华

庄仕华

塔克拉玛干沙漠边缘，镌刻着他为牧民治病送药的辛劳足迹；那拉提大草原，留下了他为乡村医生授课的忙碌身影；帕米尔高原，见证了他用手术刀绘就的爱民佳话……他像戈壁红柳扎根在祖国边陲，如天山清泉滋润着万民苍生。他的名字，走进维吾尔族大妈絮絮叨叨的牵挂中，藏进哈萨克族人丝丝缕缕的思念中，融入各族群众灿若云锦的祝福中。

人们说，他是共产党人的优秀代表！患者说，他用真爱大义感动了天山！他就是武警新疆总队医院院长庄仕华。

庄仕华常说："医术能够治病，爱心也能疗伤。"冬天，他用双手焐热听诊器为病人查体；夏天，他煮绿豆汤为病人解暑，把浓浓的爱意融入病人心田。庄仕华滴酒不沾，他说，喝了酒，手会抖，病人会痛，这是失职。庄院长先后做了10万多例胆囊切除手术，创下了无一失败的医学纪录。其中，患者年龄最大的102岁，最小的仅有1岁零9个月，每台手术只需5到10分钟，单纯剥离胆囊最快的仅用47秒！这奇迹的背后，靠的是高超医术的支撑，是精益求精的科学态度，更是一颗为兵爱民的赤诚之心。

那是2011年6月10日上午，78岁的患者热依娜静静躺在手术台上。

这是庄仕华主刀的第101208例手术。

无影灯下，一根穿刺器快速在腹壁打开两个0.5厘米的小孔，17英寸的腹腔镜荧屏清晰显示着胆囊投影。

手术室里鸦雀无声，所有人都屏气凝神，盯着庄仕华的每一个动作。只见他双手娴熟地操纵着分离钳、解剖钳，精准地在胆囊和肝脏之间游动，就像是心灵手巧的绣花姑娘飞针走线，又像是炉火纯青的大师在一片薄薄的玉石上精心雕琢……

俗话说"肝胆相照"，肝和胆粘连在一起，胆囊壁比纸还薄，手术中稍有偏差，就会伤及肝脏，引起大出血，危及患者生命。

1分钟、2分钟……7分钟，胆囊被顺利剥离。

从1992年7月25日在腹腔镜下实施第一例胆囊切除手术起，庄仕华令人难以置信地做到了次次成功。

新疆是全国胆结石发病率较高的地区。传统的开刀治疗，病人痛苦大、恢复慢，而且住院时间长、费用高，不少困难患者甚至放弃治疗。

20世纪80年代，普外科医生庄仕华在乌鲁木齐已小有名气。

一天，牧民何木新被推进了手术室，急需再次做肝包虫切除手术。看着躺在手术台上的何木新，庄仕华心痛不已：腹部纵横交错的刀痕和密密麻麻百余条缝合线迹，就像一幅触目惊心的"地图"……

庄仕华切开了一条旧刀痕。"在旧伤口上做手术的难度大，因为皮下有粘连，但这样可以少给病人留一道疤。"他说。

这次手术后，庄仕华经常反问自己："难道就没有更好的治疗方法吗？"

1992年初，以腹腔镜技术为代表的微创外科诞生不久，庄仕华就急匆匆搭上了去北京学习的列车。很快，武警新疆总队医院就引进了时间短、刀口小、愈合快的腹腔镜技术。

为掌握新技术，庄仕华把一串串葡萄放在纸箱里练习剥皮，又买回动物肝脏反复训练胆囊剥离术。那几个月，他家里天天摆着几大盘剥了皮的葡萄，吃饭顿顿离不开动物

雪山

肝脏。历经万般辛苦,庄仕华练就了一手绝活。

乌鲁木齐市建材陶瓷厂李修竹老人患有严重的胆结石,同时严重风湿性心脏病已发展到重度心衰阶段,多家医院怕担风险拒绝手术。

李修竹试探着给庄仕华写了封求助信。

风险太大,有人建议放弃。"面对群众的求助,作为党员,作为军人,我们没有退路。"庄仕华的回答掷地有声。

集中全院技术骨干,经过9次会诊,庄仕华把手术中可能出现的意外想得细而又细。

平时一台手术不过10分钟,肝胆剥离取出结石最快时只要47秒。那一天,庄仕华却用了1个小时,才从辨认不清的腹腔内取出结石;又用3个小时,对出现左心衰发作、呼吸骤停、心脏停搏的李修竹实施急救……把老人从死神手中抢了回来!

2003年的一天,蒙古族民工明杰突发胆结石,住进了武警新疆总队医院。

手术后,庄仕华到病房查房:"感觉怎么样?"

明杰想挤出一丝笑容,但巨大的痛苦让他怎么也笑不出来。

"怎么了?"多年的经验使庄仕华觉得异常,他俯下身子,关切地问。

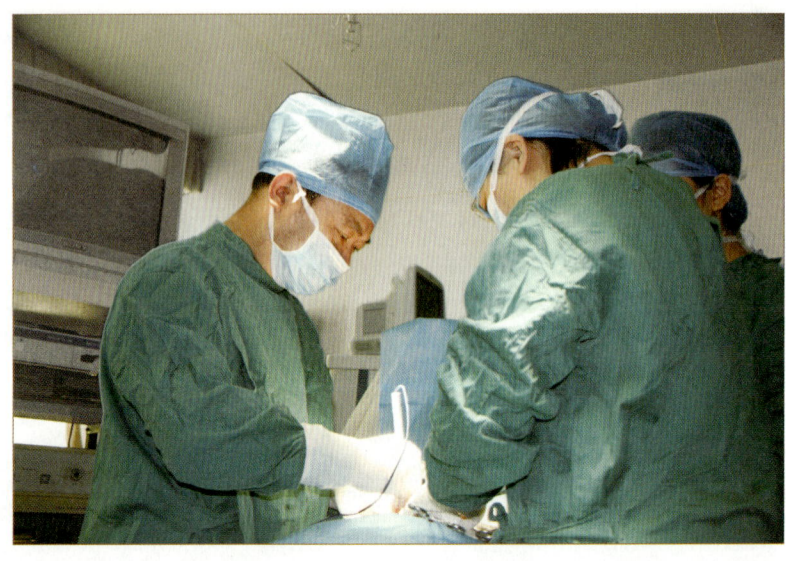

■ 连夜给伤员进行手术

原来,明杰大便一直拉不出来。

庄仕华立即找来液状石蜡给他通便,害羞的明杰说啥也不让。

"我是医生,在医院你得听我的。"石蜡效果不明显,庄仕华就用手一点一点往外抠……七尺男儿明杰,顿时被感动得捂着被子失声痛哭。

出院后,学过石刻的明杰利用打工间隙精心雕刻了一头小石牛。找到庄仕华,结结巴巴地说:"庄院长,你就像养育草原牧民的牛……"

从不收礼的庄仕华,破例收下了这件意义不同寻常的礼物。他把栩栩如生的小石牛郑重地摆在办公桌上,要用它来激励自己像老黄牛一样,一辈子为边疆各族人民服务。

通过治病送药,庄仕华结了许多"穷亲戚",交了许多"穷朋友"。

2010年5月,受庄仕华帮助多年的古丽莎一家,拿到了政府分配的廉租房钥匙。15岁的阿丽瓦热拉着妈妈的手,兴冲冲地来到医院:"庄伯伯,我们也有新家了。"

阿丽瓦热7岁那年,刚刚下岗失业的妈妈古丽莎胆结石病急性发作,昏迷中被一位汉族大姐用平板车送到武警新疆总队医院……

在医院的精心治疗下,古丽莎身体恢复很快。但随着出院日子临近,想想几千块钱手术费还没着落,古丽莎愁得睡不着觉。她找到庄仕华:"院长,让我给医院拖地、洗衣服、擦厕所都行，我打工抵医疗费……"庄仕华说："你家的困难我们都知道，看病的钱我们帮你想办法吧……"从此，他就同这个贫困家庭结成了"亲戚"。

古丽莎家的房屋破旧，庄仕华帮助修缮；过年过节，庄仕华为他们送来羊肉、米面；阿丽瓦热该上学了，庄仕华为她交学费、买来学习用品；没有经济来源，庄仕华帮助古丽莎联系到了一份保洁员的工作……几年过去，古丽莎母女走出了生活困境，不仅住上了新房，还享受政府给予的社会生活保障金和医疗保障金。懂事的阿丽瓦热从上学那年起，每当考试取得好成绩，都要缝制一顶小花帽送给庄仕华。

一针针，一线线，阿丽瓦热先后为庄仕华缝了16顶小花帽……

新疆地域辽阔，不少群众居住在偏远的乡村里。庄仕华每年都要抽出一个月时间，带着医疗小分队翻天山达坂、穿戈壁大漠，为20多个乡镇的各族群众送医送药。他说："我们是人民军队，是党的医生，就是吃尽千辛万苦，历尽千难万险，也要把党的温暖送到人民群众的心坎上。"

乌鲁木齐县板房乡灯草沟村阿黑娅老人常年卧病在床，生活困难。庄仕华每次为老人上门治病时，都要捎来种植养殖书籍，为老人一家脱贫出主意、想办法。如今，老人的儿子木合塔尔搭起了毡房，办起了家庭草原风情游，一年纯收入3万多元。2010年4月，阿黑娅老人弥留之际，把庄仕华和儿子木合塔尔叫到身边，叮嘱儿子："庄院长就是你的亲阿嘎（维吾尔语：大哥），以后你要听他的话。"

吐鲁番市葡萄沟乡巴格热村过去是个多民族居住的贫困村。5年前，庄仕华巡诊到这里，为村民们请来了传授葡萄种植加工技术的专家，帮助村党支部制定了《村文明公约》。在他的影响下，村里偷懒混日子的不见了，打架斗殴的现象也消失了。通过发展葡萄种植加工业，巴格热村成为远近闻名的富裕村。现在每当吐鲁番葡萄熟了的时候，村民们总要把庄仕华请到村里，和他们一起载歌载舞，分享丰收的喜悦。

巡诊

2011年6月13日，沿着崎岖不平的土路，记者来到帕塔木汗家时，73岁的乌拉孜和57岁的帕塔木汗早早地在村口迎接。围着红黄黑花纹的头巾、一身蓝色纱裙的帕塔木汗大娘说起庄仕华，不停地抹眼泪。

一个秋天，乌鲁木齐县萨尔达板乡大泉村哈萨克族老人乌拉孜不慎掉入20多米深的废矿井里，造成颅骨、脊椎、大腿等10多处骨折。庄仕华到村里巡诊听说后，把乌拉孜带到医院抢救了6天6夜。

乌拉孜的生命得救了，可生活不能自理，仅有的几十只羊也卖光了。出院时，庄仕华借了一辆车把乌拉孜和帕塔木汗老两口送回家，还不忘买上几袋米面放在车上。

此后，每个周末，庄仕华都要骑自行车往返20多公里，给乌拉孜换导液管，帮助他进行功能恢复锻炼。见乌拉孜缺乏营养身体恢复慢，庄仕华就给他家买来一头奶牛，让帕塔木汗给乌拉孜煮牛奶补营养；乌拉孜卧床大小便失禁，家人给他换洗尿布非常麻烦，庄仕华又买了一台洗衣机送到家里。丧失了主劳动力的一家人没有了经济来源，庄仕华又帮助他们开了一个小卖部。

如今，挂着拐杖的乌拉孜已能下地行走，奶牛数量也发展到9头，一家人的日子越过越红火。无以为报的帕塔木汗，就把庄仕华为自家做的好事，用维吾尔语一一记在药盒、日历等一张张小纸片上,和自己的结婚证一起,珍藏在床头的一个红色袋子里。老人逢人就讲:"我们家有3个民族,我是维吾尔族,丈夫是哈萨克族,还有个汉族亲人叫庄仕华!"

天山路长又长,庄仕华服务各族人民的情更长。40年来,庄仕华巡诊的路线延伸到哪里,哪里的群众就自发地打起手鼓,赞美共产党好,人民军队亲,大漠边关,座座警营见证着他赤诚为兵的情怀。

武警新疆总队官兵分散驻守在上千个执勤点上,半数以上单位距总队医院500公里以上,最远的有2000多公里。穿戈壁、进大漠、上高原,庄仕华带领巡诊医疗队用双脚丈量了天山南北的每一座警营、哨所……

2002年的一个冬天,庄仕华来到帕米尔高原海拔3700米的塔什库尔干县中队巡诊。强忍着高原反应,他为中队70多名官兵做了体检。当听说还有一名塔吉克族士官玛达力在距中队10多公里的高原牧区放牧时,庄仕华背起药箱就要出发。

"那里海拔更高,路难走,就不要去了。"中队长谢静拉住他。

"漏掉一个战士,我心里不踏实……"

雪山下,寒风刮在脸上如刀割一般。庄仕华带着巡诊小组沿着羊肠小道,翻越陡峭的雪山。随着海拔不断升高,他心跳加快,一阵阵头晕、呕吐,几次险些滑落山下。

5个多小时的艰苦跋涉,庄仕华见到了玛达力。

夜风呼呼作响,毡房内暖意融融。庄仕华一边为玛达力看病拿药,一边在火炉旁拉起了家常。

"结婚3年多了,妻子一直不孕。"玛达力红着脸说。

"放心,医院帮你想办法。"庄仕华拍拍他的肩膀。

回到医院,庄仕华立即派妇产科医生赶到1800公里外的玛达力家里,为他妻子检查。

后来，又两次安排她住院治疗。

2004年，庄仕华收到玛达力寄来的一张"全家福"：照片上，一家三口咧着嘴巴，喜笑颜开……

"我们把官兵的健康放在心上，官兵就会把责任放在心头。"从士兵成长为军医的庄仕华深知：士兵，永远是部队这棵大树最坚实的根须。

开辟军人就医绿色通道，开设军人挂号窗口、军人门诊，成立军人病区；从偏远地区来看病的官兵，派人派车到车站接送；官兵住院期间，都会收到医护人员送来的一束鲜花；投资600多万元建成集病案管理、远程医疗、远程教学为一体的信息化远程医疗系统，实现全总队23个卫生队（所）和98个边远中队的远程医疗会诊……一项项为军人官兵方便就医施行的举措落到实处。

2008年4月，伊犁哈萨克自治州支队战士王亮刚办好住院手续，就赶上了军人病区搬迁。住在宽敞明亮的病房里，手摸着电视机、电话、淋浴器等配套设施，他感动地说："真没想到，医院条件这么好！"

王亮不知道的是，他所住的病房原本是刚刚竣工的医院招待所。

那年初，从边防巡诊归来的庄仕华提议把即将建好的招待所改为军人病区。他说："为兵服务不能讲价钱。我们宁肯每年少收入几百万元，也要把服务官兵这件好事办实办好。"在他的建议下，医院在原来500万元装修费的基础上，又投资100多万元添置了医疗器械，更换了相关配套设施，设置了170张床位。

这是一场特殊的专场电影：安静的病房里，电影胶片"嗒嗒嗒"转动的声音像琴键一样，敲打着每个人的心，除了一名放映员、庄仕华和躺在床榻上的一位战士病人外，再无他人。

几年前，巴州支队战士张友涛被确诊为骨癌，庄仕华两次派人乘飞机把小张送往北京武警总医院进行治疗，但病情已是晚期，只好返回新疆维持治疗。

用精湛医术托起千家万户的幸福

与资助的学生在一起

无情的病魔，让张友涛整天把自己蒙在被子里，欲哭无泪。他的病情在一天天恶化。

那天，庄仕华坐在床边，轻声问："小张，想吃点什么，有没有什么要求？"

"院长，我想看场电影，我好久没看过电影了……"

"好，好，没问题。"庄仕华强忍泪水。

医院没有小型放映机，庄仕华就派人跑到新疆维吾尔自治区电影公司，买回来一台小型便携式放映机，并去电影发行站借了一部喜剧片。

放映员按住旋钮开关，顺时针"咔嚓"一声，一场白墙当银幕的电影开始了。依偎在庄仕华的怀里，张友涛泪流满面……

2006年，庄仕华被推荐为首届"感动新疆十大人物"候选人。

他的事迹在媒体公布后，乌鲁木齐县八家户村73岁回族老人马玉珍一次就买了1000份报纸，在大街小巷用亲身经历为庄仕华拉票；莎车县维吾尔族牧民帕依夏在网上发出邮件，讲述庄仕华当年免费为她手术，挽救了她生命的经历；吐鲁番市13位村民写了130封信，向亲朋好友宣扬庄仕华的故事……

那一年，庄仕华以65万的最高票数当选为"感动新疆十大人物"。

在医院的墙上——楼道墙壁上挂满了用汉语、维吾尔语、塔吉克语、英语等文字写就的1万多面锦旗，形成一条条锦旗走廊。

有人说，那是老百姓的口碑；也有人说，那是中国共产党爱民的丰碑。百姓心里有杆秤，是真情还是虚意，老百姓掂量得出，天平就在他们心里。

2013年3月1日，中央文明委授予庄仕华"当代雷锋"荣誉称号，此前的2011年9月，他还被评为第三届全国道德模范。庄仕华，成为集国家至高道德荣誉于一身的闪光的典型。

维吾尔族群众离不开的汉族村官

——新疆泽普县古勒巴格乡科克墩村支书刘国忠

■ 刘国忠

2013年10月26日上午12点，一辆载着中国十大"最美村官"刘国忠灵柩的汽车，缓缓开进泽普县古勒巴格乡科克墩村时，维吾尔族乡亲们站在刚刚铺好的柏油马路两旁，有的抱着孩子，有的搀扶着老人，纷纷擦着眼泪送别他们舍不得的好书记。

刘国忠的突然去世，使整个科克墩村陷入巨大的悲痛之中，82岁的吐尔逊·吾守尔老人流着眼泪说："刘书记为我们做的好事一天一夜也说不完，我送送刘书记。"哭得最伤心的吐尼沙汗·色依提说："到现在我也不敢相信刘书记已经离开了我们，这样的好村官到哪里去找啊！"

乡亲们谁也不会忘记，每年过古尔邦节，刘国忠书记都会给每户人家带上几十块钱和几尺布料挨家挨户地去拜年。

2013年10月23号上午，刘国忠告诉老伴，古尔邦节给乡亲们拜年买的布料还缺8块，必须尽快买上送到。到乡政府开完会后，他和老伴在巴扎上选好布料，下午四点半骑摩托车返回村里时不慎翻车。尽管喀什地区派出最好的医生全力抢救，但仍然没有留住刘国忠的生命。

在泽普县人民医院，刘国忠的老伴褚富兰痛苦地回忆说，老刘在出事之前就说了一句话："出事的时候他就说瞌睡得很，人就走掉了。唉，你说叫我怎么办呢？"

村民坤尼杜孜·阿布杜瓦依提告诉记者，2013年是刘国忠书记当村官几十年来最累的一年："刘书记一直为我们操心，电也接通了，幼儿园、村委会，村民们的安居富民房也建好了，柏油路可以跑车了，我们的生活一天比一天过得好多了，现在，他就这样离开我们了，我们舍不得他。"

刘书记太累了，这话一点也不假。2013年9月19号是中秋节，儿女们好不容易把父母亲接到县城一家团聚，没想到，刚进家门，刘国忠的电话就响了，是村里打来的，说有事，请他赶紧回去商量。儿女们说，今天你无论如何都不能走。刘国忠说："不走不行啊，人家在那边等我着呢，修路的人等着有些事情要处理，修幼儿园的教育局的人好像要下去了。"

刘国忠的大儿子刘军山对此早已习惯，别说中秋，就是过年，父亲也是这样，刘军山说："过年时刚好把菜炒好。啥都准备好了，都开始吃了，他一接到电话，唉，我必须要回去。说村里面有急事，他觉得村里面的事情就是大事情。"

刘国忠要急着赶回去是因为他放不下村里的事。2013年村里要铺十几公里的柏油路、修一条防渗渠、建30套富民安居房，还要打3口机井，建一座幼儿园，修一栋村委会办公室。用刘国忠的话来说，这是他当村官31年以来操心最多、最忙碌的一年，因为他要完成被乡亲们再次挽留后做出的庄重承诺。

为完成这些承诺，62岁的他骑着摩托车成天穿梭在各个施工现场。记者坐着刘国忠的摩托车一路颠簸，先到幼儿园施工现场，与教育局管基建的同志协调完篮球场变更位置和自来水管网建设后，又冒着滚滚尘土，来到科克墩村一组通往二组的修路施工现场……

刘国忠坚持忘我地工作，赢得了村里维吾尔族乡亲们的厚爱。2011年12月初，就在刘国忠年满60岁准备退休的时候，十六个村民悄悄跑到乡政府请求不让他退休。原古勒巴格乡党委书记刘让群回忆说："所有老百姓跟我着急啊，说刘书记，你再帮我们做做刘

维吾尔族群众离不开的汉族村官

维吾尔族村庄

国忠书记的工作,我们就希望他再带我们干两年。"

科克墩村有59户人家,除了刘国忠一户汉族人外,其他全是维吾尔族。村民帕坦木·艾孜木说:"我们为啥希望刘书记继续留在这个村当党支部书记?因为其他人代替不了刘书记,他做的事,其他人做不了。"

刘书记做的事,其他人做不了。帕坦木·艾孜木的话道出了乡亲们第三次挽留刘国忠的一片真情。维吾尔族乡亲谁都没有忘记,他们第一次挽留刘国忠是在1980年。当时南疆发生了多起恶性事件,闹得人心惶惶,加上科克墩村是一个路到头、水断流、电没有,紧靠大沙漠,自然环境十分恶劣的村庄,20世纪60年代初期和刘国忠一起来到科克墩村的一百多户甘肃老乡,都纷纷迁回老家。

就在刘国忠也收拾行李准备上车走的时候,几户维吾尔族村民急匆匆赶来,恳请他不要走,村民们说:你是村里的会计和保管,有文化、有闯劲、办事又公道,你走了我们咋办。你不要走,我们绝对保证你的安全。

刘国忠的父母对他说:你是老大,你不回去,我们靠谁呢?刘国忠回忆说:"父母亲极力反对,特别是我爸爸,拿起棒子赶着我要走,极力要求我回家,和他们一块儿回去,一块儿生活。"

就在刘国忠左右为难的时候,坤尼杜孜·阿布杜瓦依提等几个和他一起长大的维吾尔族伙伴也眼巴巴地期待着他留下来。看着一起生活了多年的维吾尔族乡亲发自内心地苦苦挽留，刘国忠含泪告别父母，决心留下来。从此，他成了科克墩村唯一一户汉族人家。

既然留下来，就要为科克墩村维吾尔族乡亲多做事。科克墩村缺电少水，分给村民的粮食无法加工，刘国忠就把全村的粮食用三头毛驴驮到十几公里远的13队水磨房加工成面粉，回来分给大家，两天一趟，坚持不懈。乡亲们夸他心肠好，人热情，能办事，1982年一致推选他当了村党支部副书记。在联产承包的时候，村里有四户没有劳力的人家个个愁眉苦脸。刘国忠说：不要怕，咱们几户联合承包，有我吃的，就有你们吃的。他起早贪黑，带领几户老弱病残的村民一起耕地、一起下种、一起收割，大家的日子过得一天比一天好。

乡亲们第二次挽留刘国忠是1983年，科克墩村方圆二十多公里的村庄都没有汉语学校，为了让孩子上学读书，刘国忠把大儿子送回了老家，可转眼又到了二儿子上学的时候，怎么办呢？正在这时，有个甘肃老乡劝他到县城附近的一个汉族村庄去，说孩子可以在县城就近上学，他还可以在那个村继续当干部。

听到这个消息，科克墩村的维吾尔族乡亲们又急了，自从刘国忠被选上村党支部副书记并代替常年有病的老书记主持工作以来，村里发生了很大变化，粮食产量也提高了，这个时候可不能让刘国忠走哇。为了让刘国忠心里踏实，村民古丽其曼·卡德尔主动帮忙，让刘国忠把孩子寄养在县城里她的一户维吾尔族朋友家里，这一寄养就是整整6年。

第二次被挽留之后，刘国忠下决心要解决科克墩村水断流、路到头、没有电和种植单一、收入太低的问题。

说起来许多人难以相信，已经是20世纪90年代末了，科克墩村的人还点着煤油

维吾尔族群众离不开的汉族村官

■ 唱歌的维吾尔族人

灯过日子。有电的地方离科克墩村有十几公里，刘国忠找到电力公司请求解决，但电力公司负责人说线路长，赔不起。他又找乡里，乡干部说缺钱，没办法解决。为了让科克墩村早日通上电，他又一趟一趟跑县委，没钱住招待所，晚上就睡在县委附近的林带里。

县委书记出差回来得知这一情况后，紧急协调电力公司，要求尽快为科克墩村通上电。在电力公司紧张施工的那会儿，刘国忠带领全村壮劳力和电力公司施工人员一起栽杆子、拉电线。2000年除夕，通了电的科克墩村家家户户一片光亮。坤尼杜孜·阿布杜瓦依提说："电一通了，啥事情上都欢乐得很。"

刘国忠一直琢磨着怎么能让村民们尽快致富。他首先想到了种核桃，可许多村民都半信半疑。因为维吾尔族农民笃信"桃三杏四梨五年，核桃枣儿七八年"的种植传统，他们嫌核桃树挂果的时间太长。村民坤尼杜孜·阿布杜瓦依提说："核桃这个东西，爷爷栽上树孙子可以吃到核桃，说是七八年以后才能挂果的东西。"

看到乡亲们不愿种，2001年刘国忠就发动党员带头种，同时还请来农业技术员嫁接当年就可以挂果的核桃。回忆起当时的情景，刘国忠说："免费的核桃苗子拿来，给他，让他栽他都不栽，有的时候白天栽，晚上拔了扔掉，我们就做了一个决定，党员栽好以后，再动员大家。党员、我们的干部全部出来栽，你看现在核桃成林了，老百姓得到收入了，都喜欢得不得了。"

2013年科克墩村的核桃大丰收，每公斤核桃卖出了30多块钱的好价钱。吐逊·马热克告诉记者："我们家2013年核桃的收入两万块钱左右，过两年等核桃树再长大一点，收入会更高，我们只要管理好核桃，很轻松就能挣上钱了。"

要是在以前，两万块钱对于吐逊·马热克来说那简直就是天文数字，因为那时村里一个人每年的纯收入只有320块钱。12年过去了，科克墩村700多亩核桃已经成了家家

维吾尔族群众离不开的汉族村官

用歌声称赞善良

户户的"致富果"和"摇钱树"。后来刘国忠还带头种植大红枣和色素辣椒等高效作物，改良陆地棉，2013年村民人均年收入超过7000元。

在刘国忠去世后，吐尼沙汗·色依提感到天都塌下来了。她永远忘不了1982年，一场大火把她家吃的、穿的、用的、住的全都烧光了，全家人哭成一团。这时候，刘国忠赶来了。吐尼沙汗·色依提说："房子里什么都被烧光了，是刘书记给我们送来了1000斤麦子、被子和钱。看我们家里穷，他还给了四只羊让我们养，后来新房子也是他帮忙盖的。刘书记为我们做了很多好事，他就是我们的亲兄弟。"

2002年，吐尼沙汗·色依提的老公库尼亚孜·热合曼因病去世。去世前，他放心不下有病的妻子和三个幼小的孩子，紧紧拉住刘国忠的手不放。刘国忠流着眼泪说：好兄弟，放心吧，我一定照顾好你的家人。刘国忠说到，也做到了。2013年吐尼沙汗·色依提17岁的小儿子阿里木江·库尼亚孜初中毕业，他非常渴望上高中，但哥哥阿不都赛买提·库尼亚孜不同意。他说："家里面有六口人，但是只有我一个人干活儿，没钱交学费。"

听到哥哥的话，阿里木江·库尼亚孜急得直掉眼泪，刘国忠知道后，对阿里木江·库尼亚孜的哥哥说，我来帮他交学费。阿里木江·库尼亚孜回忆说："刘书记来了，当场掏了600块钱。后来哥哥同意了，刘书记还亲自把我送到了学校，要我好好学习，将来成为一个有用的人。"

泽普县教育局项目办主任多里坤·阿不力孜告诉笔者，科克墩村幼儿园将是全县条件最好的农村幼儿园。幼儿园有340多平方米的建筑物，可以容纳60名学生。

刘国忠为什么要建一所村幼儿园呢？他说农村贫困落后的根子在缺乏教育，我们必须从娃娃抓起，让更多的孩子早期就受到好的教育。刘国忠曾说科克墩村是个戈壁滩，文化水平特别低，就连村委会选一个领导干部，要选出一个文化水平高的人都不容易。"科克墩村有了文化教育，才能富起来。"

2012年9月，刘国忠当选为自治区道德模范。一个汉族村支书，讲一口流利的维吾尔语，几十年在偏僻的村落，为维吾尔族乡亲真情服务的事迹感动了全社会。自治区领导接见他时问还有什么困难要解决？刘国忠说，村民们最大的心愿就是早日通公路，加快致富步伐。

2013年2月，天气还非常寒冷，刘国忠就跑到乌鲁木齐为修路的事到处奔走。在自治区领导和交通厅的全力支持下，长达14公里的乡村公路在6月份开工。看着通到家门口的柏油路，村民吐逊·马日克说："路修好了，我们可以买一辆小轿车开一开了，可是刘书记却不在了。"

几十年来，刘国忠与科克墩村维吾尔族乡亲相濡以沫，用赤胆忠心为维吾尔乡亲遮风挡雨，排忧解难，赢得了维吾尔族乡亲们的深深爱戴。科克墩村成了"零上访、零刑事案件、零治安案件、零非法朝觐、零非法宗教活动、零重大安全事故"的先进村。刘国忠说："老百姓这样相信我，这样尊重我，我作为一名共产党员，不能辜负老百姓的期望，没有什么理由不为老百姓服务。"

2013年10月13号，在中央电视台寻找"最美村官"颁奖典礼上，刘国忠获得中国十大"最美村官"称号，央视主持人白岩松点评说："一心为民，两袖清风，维吾尔族群众舍不得的汉族好干部——2013年度'最美村官'刘国忠。"

刘国忠去世后,科克墩村的维吾尔族乡亲请求把他安葬在科克墩村,他们说刘书记没有走,他永远和大家在一起。

他们都是我的孩子
——新疆青河县青河镇居民阿尼帕·阿力马洪

■ 阿尼帕·阿力马洪

"不是骨肉,但都是她的孩子,她展开羽翼,撑起他们的天空。风霜饥寒,全都挡住,清贫苦累,一肩担当。在她的家里,水浓过了血,善良超越了亲情。泉水最清,母爱最真!"这是一段"感动中国"人物的颁奖词,写的是2010年度感动中国人物——阿尼帕·阿力马洪。

"母爱究竟要蕴含多少力量,才能撑起19个孩子的天空?当被遗弃的孤儿在寒风中挣扎时,她敞开的是母亲温暖的怀抱;当渴望母爱的眼神与她相遇,她付出毕生心血将他们滋养。30多年的含辛茹苦,让她两鬓成霜。一万多个日夜的操劳,只为4个字:大爱无疆。"2009年2月25日,在新疆"首届十大杰出母亲"评选活动颁奖典礼上,评委会为青河县青河镇退休干部、69岁的维吾尔族妈妈阿尼帕·阿力马洪写下了这样的颁奖词。

1956年,阿尼帕随父母从蒙古国回到阿勒泰地区青河县,不久父母相继病逝,五兄妹中最大的阿尼帕承担起生活重任。1957年,她嫁给了从部队转业到县公安局工作的维吾尔族小伙子阿比包,过着虽清贫但很幸福的日子。

1970年,他们的邻居牙合甫夫妇相继去世,撇下了3个14岁到19岁的孩子。当时阿尼帕全家7口人仅靠丈夫一个月45元的工资生活,但阿尼帕毅然决定收养了这3个孩子。

1977年,阿尼帕又收养了回族姑娘王淑珍和她的4个兄妹。当年,11岁的王淑珍兄妹在父亲去世后,随父母改嫁到汉族继父家。不久,母亲撒手人寰,继父又体弱多病,

阿尔泰山脉

王淑珍兄妹几个便开始流浪街头。

小淑珍的头上长满了头癣和癞疮，阿尼帕流着眼泪将小淑珍浑身上下擦洗干净，给她换上暖和的衣服，并做了香喷喷的拌面。从第二天开始，阿尼帕每天带小淑珍去医院上药。两个月后，小淑珍长出了浓密的黑发，恢复了她那张清秀的脸。如今，人到中年的王淑珍仍然留着过膝长发，她说，是阿尼帕妈妈给了她这头青丝，她要用这头长发见证和铭记这份无私博大的母爱。

几个月后，阿尼帕又默默地把小淑珍的哥哥和两个妹妹也带回了自己的家。1989年，王淑珍的继父去世，留下3个孩子，阿尼帕又将这3个汉族孤儿接到家里。这样，加上自己生养的9个儿女，阿尼帕就有了4个民族的19个儿女。

如今，阿尼帕老人这个民族团结的大家庭已有维吾尔、汉、回、哈萨克、塔塔尔、乌兹别克6个民族的180多口人。

说起妈妈偏爱收养的孩子时，阿尼帕亲生的大女儿卡丽曼说："我14岁那年，妈妈带回一条新裙子，我想我是老大，又是亲生的女儿，应该给我穿。没想到妈妈却把裙子给了淑珍，我伤心地大哭起来。妈妈搂着我说：'你是大姐，要让着妹妹。'"至今，王淑珍还精心地收藏着那条裙子。

阿尼帕的回族儿子王作林流着泪说，有一年，别人送来一双球鞋，他与阿尼帕老人的亲生大儿子阿奔为这双鞋争打起来，抢到球鞋的阿奔还没穿到脚上，就被阿尼帕一把夺下，递给了王作林。妈妈一边打着亲生儿子阿奔，一边说："你这当哥哥的，就不知道

■ 哈萨克族儿童

让着弟弟!"

1989年,王作林初中毕业后受不良少年影响被判了3年劳教。阿尼帕要求全家的孩子不要歧视这个误入歧途的兄弟,并和丈夫多次去400公里远的劳教所探望。

1992年王作林刑满出狱后,两位老人又张罗着给他找工作、找媳妇。王作林夫妇双双下岗后,老两口又东拼西凑买了一辆二手车,让他们夫妻跑运输。现在的王作林开起了旅社和饭店,生意红红火火。

最让妈妈发愁的是全家20多口人的吃饭问题。她专门买了一口直径1.2米的大铁锅,但做一锅饭一个人分不了一碗,锅就见底了;打一坑馕,十几个孩子围在馕坑边,熟一个吃一个。为了让孩子们吃上饱饭,阿尼帕几乎把所有的收入都换成可以吃的东西了。

阿尼帕的丈夫阿比包下了班就去打土块卖钱;他还去帮别人宰牛宰羊,就是想得到一些牛羊杂碎,改善一家大小的生活。阿尼帕也经常在春天里去挖野菜,秋天出去捡麦子、拾土豆,用这些换面粉、玉米面给孩子们吃。

为了贴补家用,阿尼帕曾在食品厂找了一份清洗羊肚和羊肠的工作,每天早上6点起床,双脚浸在冰冷的河水里……

阿尼帕夫妇省吃俭用,从牙缝里省出钱来让孩子们去上学读书。她的19个孩子没有一个因家里穷而辍学。

阿尼帕的事迹感动着她的子女,也感动着青河县54000名各族群众。

阿尼帕的汉族邻居田玉英说,阿尼帕是全县最幸福的人,她的孩子和孙子们都特别孝顺。2008年下半年,阿尼帕的老伴去世,她的孩子都回来了,180多口人。特别是她收养的孩子,刚进县城就下车,号啕大哭着向家里奔去……

1999年,阿尼帕的亲生儿子阿奔去世,留下一男一女两个分别上大学和中专的孩子,正是花钱的时候。生意刚有点起色的回族兄弟王作林搂着这两个可怜的孩子说:"有你们四爸在，你们就放心吧。"从此，王作林每月按时给两个孩子寄去生活费，并把每年的学费早早交给孩子们，还经常打电话询问他们的学习情况。

阿尼帕的大女儿卡丽曼资助了一个牧区的女学生，而她与丈夫的收入每月加起来刚过2000元。从小吃阿尼帕的奶长大的侄女热孜万古丽资助了3个贫困学生，她说："从我姑妈身上我们学会了爱，学会了帮助更困难的人。"

2008年，汶川地震后，阿尼帕夫妇天天在家看电视，她们从不多的收入中拿出1000元，捐给了灾区，并找到县上的领导提出收养10个孤儿。

在阿尼帕老人的感召下，全县有10多个家庭提出收养震区孤儿。牧民们还赶着牛羊来县城捐款。全县各族人民向地震灾区捐款130多万元。

在阿尼帕·阿力马洪妈妈的家里，客厅的窗台上整整齐齐地摆满了不同年代的全家福，每张照片用相框精心装裱，上面看不到一丝灰尘。阿尼帕·阿力马洪一边轻轻擦拭着照片，一边打开了话匣子："过去的日子很艰苦，我和丈夫阿比包收养了10个孤儿，现在孩子们都成家了，工作很忙，见面的时候不多，每天看看这些照片，总感觉他们还在我身边。"

大女儿卡丽曼说，母亲辛苦了一辈子，最近这十年，兄弟姐妹们生活工作都稳定了，大多在外地，希望接母亲过去一起住享享清福，但都被母亲拒绝了，实在拗不过的时候，母亲才答应一起住一段时间，可是过了不两天，又会急着赶回来。

卡丽曼补充说："母亲就是放心不下，我知道家里经常有人过来看望她，还有不少人一有困难，就会找她帮忙，不管是谁，母亲总会慷慨地把自己的工资或者身上带的钱赠给这些有困难的人。"

每当这时候，阿尼帕·阿力马洪总是说："没事，我现在还有能力帮助别人，等我有困难的时候，别人也会帮助我的。"无论碰见什么难事，阿尼帕·阿力马洪的生活态度总

他 们 都 是 我 的 孩 子

哈萨克族儿童

是这么积极乐观。

改革开放以来，尤其是近十年间，中国发展速度很快，阿尼帕·阿力马洪一家的日子也越来越好。现在，阿尼帕·阿力马洪每天8点起床，在身体状态好的时候，老人还会自己动手为家人做饭。身边有小女儿长年照顾她，其他儿女隔段时间就回来看看她。

以前为解决全家20多口人一日三餐问题，老人专门买了一口直径1.2米的大铁锅，如今，很多亲朋好友家中办喜事，都会借阿尼帕·阿力马洪家的大铁锅做抓饭、炖羊肉。他们还给这口锅起了个名字，叫"团圆锅"。十多年来，不知道多少人家借用过这口大锅。大家都说，只要用了这口锅，家里就会像阿尼帕·阿力马洪家一样和睦、幸福。有了锅，就有了家。

"现在，我们兄弟姐妹在党和政府好政策的支持下，个个都有了自己的事业，家中人口少了，做饭就用不上这口锅了。可这口象征着和睦、幸福的'团圆锅'却是我们家日子越来越兴旺的见证。"卡丽曼笑着告诉记者。

阿尼帕·阿力马洪对收养的孩子总是比对亲生的还好。她经常教导自己的孩子："你们有爸爸妈妈，这些孤儿无依无靠，我自己以前也是孤儿，知道孤儿们心里在想什么，可能遇见一点小事心里面就会有疙瘩，所以有吃的一定先给他们，新衣服一定让他们先穿。"

"母亲的善良得到了回报，现在不管是她亲生的还是收养的孩子都很孝顺，隔三岔五就回来陪母亲聊天解闷，给母亲买来各种生活用品。"卡丽曼说。

阿尼帕·阿力马洪的热心和善良也感染着孩子们，助人为乐现在已经成了这些孩子的习惯，周围的邻居和亲朋好友无论谁家遇到困难，只要他们知道了，都会搭把手。

近几年，阿尼帕·阿力马洪先后获得首届"新疆十大杰出母亲"、全国民族团结进步模范个人、第四届"全国十大公益之星"、2010年"感动中国十大人物"等荣誉称号，入

他 们 都 是 我 的 孩 子

盛装的老人

选《中国国家形象片——人物篇》。2013年，青河县在阿尼帕·阿力马洪家原有的宅基地上建设民族团结教育基地，投资300多万元建设1000平方米两层主题教育馆。2014年，由天山电影制片厂拍摄的反映阿尼帕·阿力马洪的电影《真爱》在全国公映，引起了社会强烈反响。

  被荣誉包围着的阿尼帕·阿力马洪却总是对孩子们说："我只是一个普通的母亲，没想到现在能获得这么多的荣誉，我只是做了该做的事情，现在的生活好了，我们更应该帮助那些有困难的人。"

  阿尼帕妈妈还说："这些孩子是我的福气，当我病的时候他们会来看我，当我摔倒的时候，他们会来搀扶我，一家人和和睦睦，一起创造美好的生活。"

  在阿尼帕的家中，时常传出哈萨克族民歌《母亲》的优美歌声："我在很远的地方想着您，不管是在天涯海角，忘不了呀我的母亲，有母亲的人永远不会老……"

一位护边员的守防人生
——新疆兵团军垦战士马军武

■ 马军武

2014年4月29日清晨,乌鲁木齐下起了中雨,气温骤降,正在新疆视察工作的习近平总书记冒雨来到新疆生产建设兵团第六师共青团农场,看望兵团干部职工,了解农业机械化发展情况。

"我是兵团农十师185团的一名普通军垦战士……"一身戎装的民兵马军武作为兵团民兵代表开始发言,讲起了他在中哈边境桑德克哨所屯垦戍边26年,建设夫妻哨所的感人故事:哨所距离界河仅5米,四周满是戈壁、杂草和沙丘,直到2006年才通上电灯、电话、电视。26年里,他忠于职守、不辱使命,冬季冒着零下几十摄氏度的严寒坚持巡逻;夏季蚊虫肆虐,凭着强大的意志和忍耐力,仍坚守岗位。

习近平总书记由衷地感叹:"真了不起,我非常敬佩你们。"

他又关心地问马军武:"多少天能见一次人?""现在人多了,还有旅游的。过去冬天几个月见不到人。"马军武回答。"了不起。"总书记再次表示敬意。

发言最后,马军武郑重地向总书记行了个军礼,坚定地说:"请总书记放心,我会一生一世在桑德克哨所守护下去。一生只做一件事,我为祖国当卫士!"总书记带头鼓掌,全场响起了热烈的掌声。

"看到习总书记面带微笑向我走来,那个激动劲儿别提了,当握着总书记的双手大声说出'总书记好'时,我为自己是一名群众护边员而感到无比骄傲和自豪。"马军武向官兵们提及自己的参会经历时仍激动不已。

今年45岁的马军武是新疆生产建设兵团第十师185团的一名职工，也是阿勒泰公安边防支队克孜勒乌英克边防派出所的一名群众护边员，主要协助派出所承担着中哈边境29至37号界标区域约20公里长的边境线守边、护边任务。

北疆的清晨，寒气袭人。地处祖国雄鸡版图尾巴尖上的鸣沙山顶，一轮如火的朝阳，似害羞的少女缓缓揭下面纱，从山背后露出迷人的微笑。

此时，在位于中哈边境的新疆生产建设兵团农十师185团桑德克民兵哨所，护边员马军武已经站在30多米高的瞭望塔上，手拿望远镜观察着边情。马军武19岁就来到哨所，已经在此坚守了20多年。

马军武所在的桑德克龙口哨所紧邻中哈边境中方32号界碑，离界河仅几米远，距团部20公里，周围除了沙山就是树林。夏季蚊虫肆虐，巡边时不得不用一块在柴油中浸过的纱布顶在头上，防止叮咬；冬季冰雪封路，与世隔绝长达半年。由于巡边路线较长，他们揣上块干粮上路，饿了啃几口干馍，渴了喝几口河水；气温常常接近零下40度，一夜之间大雪可以下到半米深，带的馍馍冻得硬邦邦，一咬一嘴冰碴子，夫妻俩就一口馍头一口雪地往下咽。巡边的路很长，一来一回需要三四个小时，回到家里，眉毛、胡子、头发都冻成一坨。春季气温回升快，山上积雪迅速消融，再加上阴雨连绵，平时看起来异常温顺的阿拉克别克河变得狂躁无比，随时都会冲毁堤岸，每天晚上他们都坚持打开门窗睡觉，一方面是为了听水情，另一方面是一旦堤坝发生险情能够及时地冲出去应对。在这样艰苦的条件下，在难以忍受的孤独寂寞面前，马军武夫妻没有后悔，没有退却。不用命令，不用督促，他每天第一件事是升国旗，然后登瞭望塔、观察分水闸、巡视河堤、检查植被、加固铁丝网……日复一日、年复一年，这一干就是7000多个日日夜夜。

团场的变化日新月异，职工群众的生活条件不断改善，收入也年年提高，住在团部

草原上的骑手

的职工，不少人都过上了舒适的生活。但马军武和妻子依然在桑德克，依然是一年四季的迷彩服，每天粗茶淡饭，看不到美景，交不到朋友，甚至连吃新鲜蔬菜也是一种奢望。这些都还能克服，最大的遗憾是对儿子的亏欠，儿子一生下来就由爷爷奶奶带着，一年中，他们和儿子见不了几次面，更不用说给过儿子多少帮助和呵护。

有人曾经这样问过马军武夫妇：桑德克这个地方在你们的心里是什么位置？他凝视远方很久，回答：家！这片守卫了二十多年的边关哨所，在他的心里很重很重。一位老领导听到马军武的故事后，感动不已，欣然题诗：一个哨所夫妻站，一段边关两人看，一份责任记在心，一个佳话留世间。

回想往事，命运因一条界河而改变。

"阿拉克别克界河发特大洪水了。"1988年4月23日一大早，这个消息传遍了185团。

大家都清楚，一旦不能及时有效控制这条如脱缰野马似的界河，不仅全团数十年的"家业"可能被毁，更严重的是按照国际法惯例，国界在界河中心，如果河水改道，包括团机关在内的50多平方公里土地将非我方所有。

为防止国土受损、家园被毁，185团男女老少迅速投入到抗洪守土战斗中。这支抗洪队伍中，有一个身材不高，步伐却很矫健的身影特别引人注目，他就是刚刚入队不久的青年民兵马军武。

5月8日凌晨，经过16天的国土守卫战，防洪大坝胜利合拢，界河终于乖乖回复原貌，险些丢失的国土安然无恙地躺卧在祖国怀抱。

为防止类似灾害再发生，上级决定在界河边建立桑德克民兵哨所，担负巡边察水任务。当时只有19岁的马军武，当即找到领导请缨，要求到哨所去守防。经过认真考察后，团领导最终批准了马军武的请求。

那年9月20日，马军武带着父母的声声叮咛，背负着全团干部职工的嘱托，背起简单的行囊，走向他人生中最为神圣的战位——桑德克哨所。

哨所里，只有一张砖头木板搭成的小床，其他家什都没有。没有厨房，他只好在门口搭了一个简易炉灶，做了第一顿饭。第一天晚上，听着外面无休止的西北风和荒野里不知是什么野兽的嚎叫声，马军武失眠了。第二天，一夜没合眼的他，简单吃了几口干粮，就出门巡逻去了。

从此，这儿成了马军武履行使命的战位，也成了他安身立命的小家；从此，马军武的命运与这个叫桑德克哨所的地方紧紧捆绑在一起。谁曾料到，这一捆就是整整二十多年，今后还将继续捆下去。

时光逝去，犹如飞箭。那个朝气蓬勃、踌躇满志的小马，已变成了满脸沧桑的老马。有人曾给他这二十多年的付出算过一笔账：这些年来，马军武风雨无阻地巡逻在26多公里的边防线上，如果每天按两个来回计算，一天要跋涉40多公里，一年就是14600公里，26年就是30余万公里，这相当于绕地球7圈多。就凭着这股子韧劲，他创造了连续26年桑德克地段未发生一起涉外事件的纪录。

桑德克哨所的自然环境异常恶劣，一年6级以上的大风要刮140多天，更是全球四大蚊区之一。有人开玩笑说，在这里一年要"死"4次：春天被洪水吓死，夏天被蚊虫咬死，秋天被风沙刮死，冬天被冰雪冻死。而对于马军武来说，还得多"死"一次，那就

雪野

是被寂寞折磨死。

春季，平时温顺的阿拉克别克河变得狂躁无比，随时都会"撕毁"堤岸，危及国土和群众的生命财产安全。一到此时，马军武每晚都要拿着手电筒一遍遍查堤巡坝，连睡觉时都是开着门窗，通过听水声判断水的流量。

每年进入六七月份，这里有一种叫"小咬"的蚊蠓，会铺天盖地而来，把人咬得痛不欲生。有一年，马军武带了两条小狗到哨所，不到10天时间，两条活蹦乱跳的小狗就被蚊蠓咬得一命呜呼。

在这儿待久了，马军武也琢磨出一套防"小咬"的方法。巡逻时，他就用一块在柴油中浸过的纱布顶在头上，柴油烧得皮肤火辣辣的疼，脸常常是又红又肿。晚上睡觉时，他就把牛粪当作蚊香，在房子里点上一桶，用烟来驱赶蚊蠓。再后来，马军武有了抗蚊蠓的免疫力，任凭蚊蠓怎么叮咬，毒素对他也产生不了多大效果。

桑德克哨所的秋季最迷人，但好景不长，风沙就会如饿狼一般袭来。由于哨所风沙太大，一面国旗挂不了几天，就会被风撕成碎条条。有时风沙刮起来，铺天盖地什么也看不到。到了晚上，风的吼声，沙石击打窗户声，如一曲交响乐，时常伴着他入眠。

进入冬季，大地变成了银色世界，桑德克哨所像一条停留在雪海中的孤船。去年冬季，桑德克地区遭遇60年不遇的特大雪灾，进不去、出不来，就是这样的天气，马军武每天都坚持出去巡逻。巡边的路很长，一来一回需要四五个小时，回到哨所，人累得快瘫了，眉毛、胡子都冻成了冰坨坨。

面对恶劣的环境，马军武渐渐习惯了，也适应了，但是，最难忍受的是孤独寂寞。附近几十里难见人影，远离团场，远离亲友。尤其是夜幕降临，原野上时不时传来阵阵狼的叫声，常常让他彻夜难眠。

在漫长的戍边生活中，马军武也慢慢找到了排遣寂寞的"灵丹妙药"——读书、看报、学狼叫。学狼叫既是为给自己壮胆，也为排遣寂寞。

2006年，上级为他修建了一个新哨所，接通了常明电，安装了卫星电话，还安装了视频监控系统，这才算告别了十多年孤寂黑暗的生活。

在桑德克哨所旁，有两座瞭望塔，一座是木质结构，建于20世纪80年代，另一座为铁质结构，是2006年新修的。风霜雨雪，这两座瞭望塔如同一对夫妻，日夜见证着马军武与妻儿生活的艰辛与困难、甜蜜与幸福。

1991年，经人介绍，马军武认识了本团九连的姑娘张正美。经过一年多的恋爱，次年10月，他们幸福地走进了婚姻的殿堂。从此，冷清寂寞的哨所，开始有了欢笑声。

升国旗、做饭、巡逻、观察堤坝水情、加固铁丝网……在桑德克的日子，每天都像是复制的，不用命令，不用督促，夫妻俩过得紧张而忙碌。张正美乐观开朗，而且歌唱得非常好，有时候，她就在家里办起了个人演唱会，虽然台下只有一个"粉丝"，但她激情不减，唱到嗓子沙哑才结束。

张正美至今还珍藏着一条20年没穿过的裙子。她说，这条裙子是结婚时马军武给她买的，由于哨所蚊虫实在太多，裙子根本没法穿，就只能压箱底了。

1993年冬，儿子马翔的出生，给这个小小的哨所再次增添了无尽的欢乐。可是，哨所的条件非常艰苦，夫妻俩又整天忙着守边防的事，最后只好忍痛把儿子送到父母家。

边防线上的风景

儿子从小就很懂事，学习成绩又好，这让夫妻俩很自豪。

马军武是个内敛的人，几乎不会对妻子说"我爱你"。他对妻子的爱，是用实际行动来表现的。马军武到山下买东西或开会，再晚都要赶回哨所。他知道，妻子一个人在哨所待着会害怕。

当马军武被评为全国道德模范在北京领完奖后，他就匆匆赶回哨所。有人问他，你来北京一次不容易，也不好好看看首都的风光？他却说，离开哨所半个月了，妻子一个人巡逻，我不放心。

今年3月8日一大早，张正美就收到在外地开会的马军武发来的短信：老婆，节日快乐！想你的老公。那时，窗外风雪交加，张正美一遍遍看着那只有十余字的短信，百感交集，两行热泪不由自主地流了下来。张正美知道，马军武20年来没对她说过什么甜言蜜语，不是不会说，而是把爱深深埋在了心底。

马军武的付出是巨大的，祖国和人民也给予了他很高的荣誉：全国劳动模范、全国道德模范、全国民兵工作先进个人……面对这么多荣誉，马军武心里明白，军功章有自己的一半，更有妻子的一半。

孤寂的哨所、平凡的岗位、平淡的生活，这样的坚守只为了一个神圣的心愿：边防

古老的牧道

的和平与安宁。为了这个心愿,马军武把最美好的青春年华奉献给了这里,把自己的甜蜜爱情定格在了这里,把对祖国的大爱书写在了这里。

提起自己的坚守之路,马军武黝黑的脸上闪过一丝羞涩:"'我家住在路尽头,界碑就在房后头。界河边上种庄稼,边境线上牧羊牛。'这首从小就会唱的儿歌真实反映了家乡艰苦的环境。1988年,我19岁,一直梦想着到外面去见世面闯世界,但在作为军垦第一代的父亲的严厉劝导下,我'服从命令'在团里当了一名军垦战士。"而那一年团里发生的界河大坝保卫战,彻底坚定了马军武为国守边的人生信念。

在张正美的支持陪伴下,马军武守边护边26年,风雨无阻地巡视在20公里的边防线。26年来,他长期驻守在中哈界河桑德克龙口地段,面对蜿蜒的界河,背靠亲爱的祖国,风雨无阻巡视在边防线上,磨破胶鞋400多双,赶返临界牲畜1万余头(只),阻拦临界人员300人次,创造了桑德克地段连续26年未发生违边案(事)件的纪录。

2010年,马军武被评为"全国劳动模范";2011年,马军武荣获"全国道德模范敬业奉献奖"。桑德克民兵哨所还被185团列为兵团爱国主义教育示范基地,团场在桑德克建立起了抗洪守土纪念碑。

坚守诺言，为战友护陵守墓
——新疆尼勒克县乔尔玛烈士陵园守护人陈俊贵

■ 陈俊贵

　　陈俊贵，男，辽宁人，新疆尼勒克县乔尔玛烈士陵园守护人。1979年从辽宁入伍来到新疆，1984年退伍。1979年9月参军后，他随所在部队到新疆新源县那拉提，参加修筑北起独山子，南至库车的天山独库公路的大会战。1980年4月6日，前方被暴风雪围困在天山深处，面临断炊的危险。他和战友一起从山上向驻守在山下的部队送信求救，因右大腿肌肉被冻坏而住院3年，被评为甲级二等残废军人。1984年，陈俊贵退伍回到辽宁老家，担任电影放映员。1985年10月，他看到《天山行》这部电影时，镜头中的那一幕幕仿佛如昨日。他想到班长的临终遗言，做出了改变他一辈子命运的决定——重新回到埋葬班长的天山脚下，陪伴班长，成了烈士陵园守护人。陈俊贵说："过去的那一幕，我永远忘不了。"

　　在修筑独库公路那场没有硝烟的战斗中，先后有168名解放军指战员献出了宝贵而年轻的生命，正如乔尔玛烈士陵园的碑文所写："人是躺下的路，路是竖起来的碑。"陈俊贵的班长郑林书就是这些英烈中的一位。时至今日，许多往事都被岁月的尘埃所掩埋，可班长壮烈牺牲的那一幕深深铭刻在陈俊贵的脑海里，永远难以忘怀。

　　那是1980年，一个冬雪频繁的季节，修筑天山公路的基建工程兵某部1500多名官兵被暴风雪围困在零下30多度的天山深处，面临寒冷冻死、断粮饿死的危险，唯一与外界联系的电话线也被肆虐的大风刮断。

■ 天山托木尔峰

　　为尽快与40公里外的施工指挥部取得联系得到救援，陈俊贵奉命随同班长郑林书、副班长罗强和战友陈卫星前去请求山下部队救援。由于任务紧急、时间仓促，他们4人只带了1支防备野狼侵袭的手枪和20多个馒头就匆忙出发了。一路上寒风呼啸，风劲雪疾，在海拔3000多米高寒缺氧的雪山上，他们手牵着手，连走带爬，艰难前行。

　　40公里的路刚走了一半，他们已是气喘吁吁，筋疲力尽。虽然体力已透支到了无法支撑的地步，但想到被暴风雪围困，随时都会被寒冷、饥饿夺去生命的战友，他们放弃了休息的念头。随着天色渐晚，积雪太深，盘山的便道上根本无法分清哪是路面、哪是悬崖，一不小心就可能掉进深山峡谷。深夜的天山，气温骤降，刺骨的寒风劲吹不停，他们4人一刻也不敢停歇。天亮时，他们置身茫茫雪原，迷失了方向，更令人恐惧的是他们带的20多个馒头只剩下最后一个。

　　经过一天一夜的行走，他们身上每一根筋骨都像断了一样疼痛难忍，陈俊贵更是饿得头昏眼花，不止一次地看着班长口袋里的馒头。就这样，他们再次看到了夕阳，此时已经在雪地里走了两天两夜，终因体力透支到了极限，他们跌坐在雪地里再也起不来了。大家望着唯一的一个馒头，你推我让，谁也不肯吃。当时陈俊贵建议把馒头分成四份，每人吃一口。话刚说出就被班长否定了，理由是馒头太小，如果分成四份，根本起不了充饥的作用。情急之下，班长郑林书做出了一个庄严的决定："我和罗强是共产党员，陈卫星是一名老兵，只有陈俊贵是个新兵，年龄又小，馒头让他吃。"当时陈俊贵说啥也不肯吃，班长郑林书用不容商量的口气命令他吃掉这个馒头，望着在寒风中被饿得面无血色的战友，陈俊贵觉得手里的馒头顿时重如千斤，怎么也送不到嘴边。为了完成任务，后来他还是含着眼泪吃下了这个馒头。班长郑林书一直负责开路，所以他的身体透支最严重，他终因体力不支倒下了。

临终前他用尽最后的力气对陈俊贵说：一是希望死后能埋葬在附近的山上，永远看护着战友和这条路；二是因使命在身，作为儿子生前没能好好孝敬父母，希望战友能到老家看望一下他的父母。

陈俊贵和战友含泪用冰雪掩埋班长后，继续向前赶路。可没走多远，副班长罗强也无声无息地倒下了，只有陈俊贵和战友陈卫星掉下山崖被哈萨克牧民所救，才把施工官兵被暴风雪围困的消息报告指挥部。1500多名战友得救了，可22岁的班长郑林书、21岁的副班长罗强却永远长眠在积雪覆盖的天山上，陈俊贵和战友陈卫星也因严重冻伤，腿脚留下了重度伤残。

3年后，天山独库公路正式通车，成了连接天山南北、造福各族群众的生命通道和经济命脉。

班长牺牲后，陈俊贵因严重冻伤，在医院接受了长达4年的治疗，病情好转后，于1984年复员回到辽宁老家，当地政府为他安排了一份电影放映员的工作，很快娶妻生子，

把爱刻在心上

■ 天山

日子过得平淡而安逸。

可从新疆回到故乡，他时刻都在想念着班长，更没忘记班长临终前的嘱托。当他决定开始寻找班长的父母时，才发现自己根本不知道班长家的详细地址和他父母的姓名，因为和班长仅仅相处了 38 天，只知道他是湖北人，其他的情况一概不知，到哪里去找班长的父母呢？于是他又返回当年部队的驻地新疆新源县，本想着在老部队能寻找到班长家的地址，可谁知老部队在独库公路竣工后便迁移并编入武警部队的序列。尽管陈俊贵在当地费尽周折，最终还是没有得到一点消息。当他来到老班长的墓前，深深的愧疚之情不时侵袭着他的心，思念的泪水奔涌而出，那天他和班长说了一整天的知心话。为了弥补愧疚之情，能离班长近一点，1985 年冬天，陈俊贵辞去稳定的工作，带着妻子和刚刚出生的儿子又回到了终生难忘的天山脚下，回到了班长的身边，并在离班长坟墓最近的一个山坡上安了家。

来新疆前，虽然妻子心里做好了吃苦的准备，可后来的苦日子远远超乎了她的想象。因为陈俊贵的腿在部队受过伤干不了重活，一时又找不到工作，一家人的生计只能靠妻子打零工来维持，还要为陈俊贵治疗冻伤的后遗症，家里的日子经常是朝不保夕。在那些年里，虽然经常只能靠喝粥吃咸菜果腹，也曾因凑不齐孩子的学费遭人白眼，可陈俊贵从来都没有后悔过。本来，陈俊贵计划在新疆待上三五年，找到班长的父母完成班长的遗愿后就回辽宁老家，可谁知一待就是 20 多年。就在他寻找班长父母无望的时候，老战友陈卫星和烈士罗强的父亲从广东来新疆为老班长扫墓，陪他们前来的部队干部带来了老部队的消息，陈俊贵很快与老部队取得了联系，部队的领导不但告诉了他老班长家的地址，还派专人陪陈俊贵到湖北一同拜访烈士的家人。

临出发前，陈俊贵专门赶到班长的坟前把这个消息告诉了班长。在湖北罗田，他见到了老班长郑林书的姐姐。她告诉陈俊贵，班长参军后只探过一次家，还是因为父亲病重。

打马草

　　父亲去世后,家人怕影响郑林书工作,始终没有告诉他。所以,直到郑林书牺牲时也不知道自己父亲去世的消息。他母亲也于2003年去世。当陈俊贵来到两位老人的坟前时,悔恨的泪水顿时流了下来。他悔恨自己没能早点看望班长的父母,悔恨自己永远没有机会替班长尽孝。不过,他可以告慰班长的是:班长的嘱托,他已完成;可以告慰班长父母的是:今生今世,他将永远守候着班长,班长永远不会孤单。

　　乔尔玛位于被称为塞外江南的伊犁哈萨克自治州的尼勒克县最东端,风景如画,矿产丰富,牛羊成群,各项工作在当地党委、政府的领导下蒸蒸日上。为纪念在筑路工程中光荣献身的英烈们,1983年在尼勒克县修建了乔尔玛烈士陵园,纪念碑碑座正面镌刻着中国人民解放军工程兵部队在筑路施工中光荣献身的指战员英名。而今,乔尔玛烈士陵园成了当地的红色革命教育基地、党员模范教育基地、国防教育基地。同年,尼勒克县委、县人民政府找到陈俊贵,希望他能为乔尔玛烈士陵园做出更大贡献,并给他解决了城镇户口和事业编制。这更坚定了他为班长和筑路英烈们守墓的决心。没过多久,他将班长郑林书和副班长罗强的遗骨迁到乔尔玛。

　　2008年12月,尼勒克县再投资60余万元,建立了烈士纪念馆,并于2009年7月开馆。如今,陈俊贵在乔尔玛除了看护陵园外,还充当义务讲解员,把一件件烈士事迹向前来瞻仰的人们讲解。以前陵园只有他和爱人看护，2009年县里又派了两名工作人员，使陈俊贵有了更充足的时间做更多的事。陈俊贵说："作为从生死线上走来的我，没有什么不能做的，就让我的一生为班长和筑路英烈们守候吧。是班长给了我第二次生命，是党和政府给了我幸福美满的生活，我有义务有责任把陵园的工作做得更好，让天下所有的人们都永远铭记天山深处的筑路英雄们。"

2014年2月10日晚上，中央电视台"感动中国"2013年度人物评选颁奖中，陈俊贵入选。

"感动中国"2013年度人物颁奖词这样写道："只为风雪之夜一次生死相托，你守住誓言，为我们守住心灵的最后阵地。洒一碗酒，那碗里是岁月峥嵘；敬一个礼，那是士兵最真的情义。雪下了又融，草黄了又青，你种在山顶的松，岿然不动。"

哈尔滨一位网友留言："感动得无法形容，心疼我们的子弟兵，他们牺牲时还都是孩子啊！别人的孩子为我们戍边站岗，别人的孩子为我们开山铺路啊……"

北京一位网友留言："陈伯伯，您还记得我吗？去年暑假，我去看过您。我的父亲也曾亲身参与修建天山独库国防公路，并打了8年的天山隧道。去年暑假，我与父亲重走天山路，父亲感慨万千，他说了一路，我哭了一路……"

南宁一位网友留言："人间的真情原来就是这样的！80后的姑娘向你敬礼！"

广东一位网友留言："太令人感动！你感人的事迹将会激励许多人思考。究竟人活着是为了什么？追逐名利、荣华富贵，还是对生命的尊重和对人的情义？在陈俊贵身上就会找到答案！"

山东日照一位署名"一个平凡的工人"的网友留言："一个洗涤灵魂的战士，一段刻骨铭心的事迹，浩浩浮尘遮蔽了多少人的心灵和眼睛！当我们回望自己的人生时，有谁无愧于心？"

重庆一位网友留言："我也去过天山，那是一个高原，十分寒冷的地方，我的战友曾

陈俊贵为参观者讲解

经在那里修建独库公路。为修建这条公路，无数军人付出了他们的青春年华，甚至付出了他们年轻的生命，但是，他们的业绩永远为后人所称赞。回顾那段历史，确实是一段英雄的历史，一段光荣的历史，每一个参加天山筑路的军人，当他回首往事的时候，他们都会说：我们这一生，不是碌碌无为的一生，可以骄傲地说对得起祖国，对得起人民，对得起家人，也对得起自己。"浙江一位网友留言："永远悼念离去的英魂！一生敬佩军人精神！我虽然还没感受到军人的生活，但军人的作风是我一生崇拜的偶像。"

深圳一位网友留言："谁是最可爱的人，我无数次默念着这简单再简单的一句话。每念一次，眼前就浮现出黄继光、董存瑞。每念一次，眼前就浮现出98抗洪的战士。每念一次，眼前就浮现出'5·12'地震时人民子弟兵抢险的身影。我没有从军的经历，这是我终生抱憾的一件事。如有条件，我一定要让我的儿女有从军的经历，哪怕只有一天……"

常德一位网友留言："做好最简单的事最不简单啊！二十多年！是什么信念使得老哥哥坚持下来？中国魂！太震撼人的心灵！老弟50岁下岗算不了什么……"

烟台一位网友留言："陈俊贵是我们老兵的骄傲！我们在敬佩和骄傲的同时，应该从我做起，从现在做起，为身边的战友尤其那些生活陷入困境的战友或他们的家人做一些力所能及的事……"

广东一位网友留言:"饮水思源,我们真的不能忘记当年为祖国和人民牺牲的英烈们。没有他们,我们没有今天这么好的生活。不管是作为父母或教育工作者,都要以这个为教材来教育我们的孩子。"

一座座墓碑一座座山,一颗颗红星一朵朵雪莲,一生不变的誓言,守望永远的天山。陈俊贵舍弃稳定工作拖家带口,重返天山为班长和168名牺牲的战友守墓24年的事迹,给了我们深刻感悟:无私、奉献,是共产党员和中国军人至高的追求,让我们感动,触动我们心灵。

大漠深处的"活雷锋"
——和田市残疾人工贸发展中心董事长阿不力孜·买买提尼牙孜

■ 阿不力孜·买买提尼牙孜

阿不力孜·买买提尼牙孜是一个普通的商人，用善良、无畏写下传奇。22年来，他奔走在见义勇为的路上，舍生取义救人；22年来，他倾其所有助人，用大爱感动人间；22年来，他身残志坚自强不息，赢得了无数人发自内心的尊敬。

"帮助危难时刻的人我是不会犹豫的，有困难时相互帮助是我们中华民族的传统美德。"今年40岁的他，从17岁开始见义勇为，十几年来，他多次冒着生命危险救助群众的感人事迹，被当地百姓传为佳话。他用大爱谱写着生命的赞歌，也因此多次被表彰为见义勇为先进个人。他是和田市残疾人工贸发展中心董事长阿不力孜·买买提尼牙孜，2012年被评为"自治区见义勇为模范"，2013年8月22日，当选第三届"自治区见义勇为道德模范"。

17岁那年，阿不力孜·买买提尼牙孜从一辆着火的面包车上救出11人，自己身上80%的皮肤被大火烧伤，落下三级残疾；2001年，他在民丰县境内315国道上，把1名酒后驾驶摩托车撞车受重伤的男子送到县医院，使这名男子得到及时抢救，转危为安；2006年，他在塔中沙漠公路救出了2名出车祸的汉族群众，自己开车及时将其送到轮台县医院，2人成功得救；2009年7月，在315国道距离和田市区6公里处，他冒着车辆尾部着火、随时可能爆炸的危险，成功施救两名男子，并及时扑灭车上的大火，避免了更大的伤亡。

大漠深处的"活雷锋"

前不久,被救的河南农民孟民仓、高俊亭两人将一面"湖水救人献爱心,民族团结一家亲"的锦旗送到阿不力孜手中,以表达对救命恩人的感激之情。同时将一封感谢信送到和田市委,感谢和田市培养了一个见义勇为的好男儿,一个民族团结的好典范。

2011年11月19日,眼看就要入冬了,阿不力孜·买买提尼牙孜时刻牵挂着那些孤儿院的孩子、敬老院的老人们和驻和部队官兵,为了让他们过一个安心健康的冬天,特意跑到外地买来了40吨的大白菜、萝卜等冬令蔬菜,捐送给孤儿院、敬老院和驻和官兵,给他们送上了冬日的温暖。

四川芦山发生7.0级地震后,灾情牵动着和田各族人民的心。阿不力孜·买买提尼牙孜4月20日从电视里看到芦山发生地震的消息后,便坐不住了。"受灾群众缺吃少喝,我得赶紧准备救灾物资,抓紧时间给他们送去。"当天上午,阿不力孜就立即和食品加工厂联系,订制了5000个和田月饼、10000个新疆馕饼,还买了232箱矿泉水,送到了灾区,和田芦山心连心。

至今为止,他救过60多个人。2012年,新疆维吾尔自治区人民政府授予阿不力孜·买买提尼牙孜"新疆维吾尔自治区见义勇为模范"荣誉称号,5月17日,他的先进事迹被地区档案馆征集。

阿不力孜·买买提尼牙孜很能干,开过大车,开过地毯厂、木柴厂,还在和田残疾人工贸发展中心开了个汽车修理厂。他说:"我的地毯厂请了40多个残疾人,我教他们学技术,给他们发工资,冬天来了,我还会给他们家里送米送面。"

56个民族是一家,阿不力孜说热心发展慈善公益事业,是他永远的追求和最大的幸福。只要人人献出一点爱,这个世界就会变得更加和谐美丽。

"我很小的时候,父亲就用自己的行动救助和帮助了许多人,这对我的教育意义很大。所以我现在只要看到有人需要帮助时,就会毫不犹豫地冲上去帮助他们。没想到党和国

和田古城遗址

家给了我这么高的荣誉，我会努力做得更好。"说这话时，阿不力孜·买买提尼牙孜几次哽咽，泪水长流。

在新疆维吾尔自治区党政领导亲切会见荣获第四届全国道德模范时，作为唯一一位刚刚获得第三届新疆道德模范称号的他，被邀请到会，受到接见，他自然心情激动，难以言表。

当张春贤书记首先来到他身边时，他马上伸出手，紧紧地握住，一句话也说不出来了。"你是和田的阿不力孜，救了许多人。你辛苦了。"听到这句话，他眼眶红了，泪水流了下来。

会见结束了，众人都不舍离开会场，阿不力孜·买买提尼牙孜再次激动地说："谢谢，谢谢大家。我会更努力地做好自己的事。我有个愿望：成立一个'阿不力孜助学基金'，帮助更多的上不起大学的贫困学生，培养更多有理想有作为的人，为新疆、为和田地区的跨越式发展与长治久安尽一份心意。"

说完，他的眼中再次涌出泪水。那是激动的泪水，是奋斗的泪水。

"你自己就是因为救人被烧成三级伤残，为什么还一次又一次义无反顾地去救人？""在生命面前，我别无选择！"阿不力孜·买买提尼牙孜不假思索地回答说。

1974年，阿不力孜出生在距和田市150公里的杜瓦煤矿。15岁时，他进入杜瓦煤矿车队做修理工，不仅学了一手修车技术，还考了驾照，跟着师傅跑车运煤。

1991年5月30日上午，阿不力孜随师傅跑长途拉煤，途经墨玉县时，车抛锚了，师傅让他先回煤矿。他在路边搭上了一辆中巴车，屁股还没坐稳，车头突然传来一阵轻微的"啪啪"声，阿不力孜警觉地意识到发动机可能出了问题，他赶紧跳下车，只见车头已经冒出了火焰，不一会儿，整辆车便被火海笼罩，浓烟滚滚。"快救人！"千钧一发之际，阿不力孜转身跳上了烈火熊熊的中巴车，拉开车窗将一对被烟呛晕的母女推了出去。紧接着，又救出浑身发抖的大爷、吓得大哭的巴郎（小伙子）……

11人得救了！而阿不力孜最后一个跳出车窗时，已成了"火人"。他浑身剧痛，胳膊上的皮肉一片片往下掉，视线越来越模糊……阿不力孜被送到墨玉县人民医院。

当他再次睁开双眼，已是3天以后。父亲竖着大拇指赞道："好样的！"

22年来，很多人这样问阿不力孜："车着火的那一刻，你想到了什么？"阿不力孜的回答总是千篇一律："顾不上，啥都没想！"

第一次救人，阿不力孜付出了惨重的代价：全身烧伤面积达80%，牙齿掉光，双臂肌肉坏死，医生建议"截肢"。

一回忆起当时的情景，阿不力孜的妹妹米日古丽至今还难受："那时候我才9岁，我的哥哥爱漂亮，爱赶时髦，留着长发，是杜瓦煤矿所有小伙子中最帅的一个，当时看到哥哥头发没了，身上烧得就像烤焦的馕，要是再把胳膊截掉，哥哥心里能接受得了吗？"

坚强的父亲没有接受医生的建议，他坚信阿不力孜能挺过去。就这样，阿不力孜的胳膊被保留了下来。起初阿不力孜觉得自己这辈子完了，每天都从梦中哭醒，不敢照镜子，不愿说话。他心底甚至出现了这样的念头：只要双脚能下床走路，就从楼上跳下去！烧伤科的常大夫看出了他的心思，常常给他讲"凤凰涅槃"的故事……父亲和妹妹细心地照料着他，含着眼泪鼓励他："一定要坚强，一定要站起来！"

沙漠尽头是草原

经历了炼狱一般的痛苦煎熬，8月的一天，阿不力孜终于站了起来！

出院回家休养的日子里，阿不力孜双臂只能平伸，最平常不过的屈臂动作成了"高难度"动作。车队回不去了，在周围人怜悯的目光中，阿不力孜成了一个"废人"。

父亲买买提尼牙孜，用那双粗糙却温暖的大手抚摸着阿不力孜的伤痕，给他力量；妹妹米日古丽寸步不离守在身边，用稚嫩的小手给他喂饭、喂水。

在亲情的滋养下，阿不力孜一步步走出了阴影。浴火重生后的他开始思考起今后的人生：大难不死，是因为还有重要的事要做。什么最重要？人命关天。做什么？救人，帮人，爱人。最初是承诺，后来渐渐变为习惯。

2001年6月的一天，阿不力孜开车从315国道民丰段经过时，看见一辆摩托车的车头撞在了停在路边的翻斗车上，摩托车驾驶员的脖子被锋利的钢板割破，鲜血喷涌而出……阿不力孜赶紧下车救人，可翻斗车司机却说已经报了案，要等交警来处理。阿不力孜火了，冲翻斗车司机大喊道："再等人就没命了！"他把伤者抱上自己的车，加大油门，将伤者送到民丰县人民医院。可是不巧，医院正好停电。他买来手电，举着手电给医生照明，直到医生为伤者缝合好伤口。

也许是爱管"闲事"的缘故，阿不力孜出门总能碰上事。

大漠深处的"活雷锋"

2009年7月30日中午,阿不力孜开车行至315国道距和田市区6公里处时,前方一辆桑塔纳轿车与一辆小货车相撞,桑塔纳尾部起火,两名男子受伤昏迷,危在旦夕。

仿佛18年前的那一幕再现,阿不力孜想都没想,立即跳下车,直奔桑塔纳轿车。他拽开车门,将司机背出,继而又去救坐在副驾驶座位上的男子。由于车门被撞击变形打不开,他一拳击碎车窗,半个身子探进去,双臂伸到乘客腋下,小心翼翼地将其抱出来。

随后,他又从自己的车上取出灭火器,将桑塔纳轿车上肆虐蔓延的火扑灭了。阿不力孜将受伤较重的男子抱上自己的车,又拦下一辆出租车送司机,迅速赶到和田市人民医院。医院门前有几十级台阶,他使出浑身的劲,拦腰抱起伤者,一口气跑了上去。伤者的血,从阿不力孜的衣领流进,顺着裤腿淌出……走出急诊室,阿不力孜腿一软,瘫倒在地。

此后的两天,阿不力孜一直心神不宁,惦记着那位伤者。第三天,他去了医院。

伤者已苏醒,他叫雷鸣,时任中国工商银行墨玉县支行行长。医生说,车祸中,雷鸣右臂断成3截,6根肋骨骨折,肺部被肋骨扎伤漏气,要不是及时送到医院,肯定会没命。在病床上,雷鸣流泪了:"大哥,没有你,就没有我,今后你就是我亲哥。"

直到现在,雷鸣还有个疑问:"我1.77米,78公斤,而阿不力孜才1.68米,68公斤,由于残疾,平时连5公斤的东西都提不动,不知道他当时从哪儿来的劲儿把我抱起来?"

年复一年,阿不力孜从司机奋斗成了老板,救人更是"上了瘾"。有一次,河南省新郑市孟庄镇农民孟民仓与3个同伴开一辆轿车从河南前往若羌县打工。途经315国道青海段950公里处时,车不慎翻下路基,栽进了湖泊当中。4人拼尽全力钻出车外,其中两名同伴伤势严重。

就在落水的人心灰意冷时,"救星"来了——当天,阿不力孜一行6人开着从武汉买的3辆"东风"拖车返回和田,正巧路过此处。阿不力孜见有人落水,他停下车,手一挥:

"下水救人！"大家连扛带背，将两名伤者救上岸，送往300多公里外的花土沟镇。之后，阿不力孜又带人跳进齐膝深冰冷刺骨的湖水，将几乎报废的车拖了上来。当地海拔2800多米，上岸后，大伙的嘴唇都是紫的。阿不力孜告诉孟民仓："你们留下来治伤，车我拖回和田帮你们修，弄好了我通知你来拿。"

　　后来，孟民仓拿到焕然一新的车后，拿出10万元，阿不力孜只收了4万元配件费。孟民仓不愿意："哪有你这样做赔本买卖的？"阿不力孜笑了："要赚钱我就不救你了。"

　　从1991年到2013年，阿不力孜一共救了60多人。所救的人里，有汉族、维吾尔族、哈萨克族；有本地人，有外地人，还有外国人……

　　"22年来为啥要一直这样做？"阿不力孜回答说："如果你不救的话，就会失去一个鲜活的生命，救的话就是一件大好事。把那个人救活了，他们家人高兴，我也像喝了'格瓦斯'一样高兴！"

新疆好巴郎的爱心之旅
——第三届全国道德模范阿里木江·哈力克

■ 阿里木江·哈力克

在贵州省毕节市，卖烤肉的摊位不少，但有趣的是，几乎每一个摊位上都挂着相同名称的招牌——"新疆阿里木烤肉"，唯独阿里木江自己的烤肉摊儿上却没有挂。大家挂这个牌子，有一个很重要的原因，因为阿里木江在毕节的名气真的很大，网友叫他"烤肉男"，而毕节的老师和同学们则喜欢叫他阿里木江大哥或阿里木江叔叔，在毕节市的各种奖学金中，有一个奖学金的名称很显眼——"阿里木江奖学金"。

2006年的秋天，阿里木江揣着卖烤肉攒下的5000元钱，来到毕节学院。虽然时间已经过去四年了，但一想起阿里木江来送钱的情景，毕节学院党委副书记汤宇华的眼眶还是忍不住湿润了。汤宇华说："他拿出的钱呢，还有羊肉串的味道，我也很震惊，因为他看上去与他的实际年龄相比呀，还是要沧桑得多，看起来长期做生意奔波，也很疲倦，他自己生活都还是处在起步阶段，他能够有这样的想法，就很不容易。"

这个烤肉男算不得什么大老板，一串烤肉就卖一块钱，前几年，更便宜：五毛！一个月卖烤肉的收入最多也就是五千块钱左右，而阿里木江却从2002年就开始资助当地的贫困学生。

对于这点阿里木江的想法很简单，他说："我很关注这个教育方面的事情，这个教育它可以改变一个社会，可以把一个人改变得文明，然后我那个时候就在想，如果有一天，我的经济能力可以的话，我就要帮助很多的人读书，多读一些书，多一些人受到教育，这是个大事情。"

阿里木江出生在新疆和静县，由于家境贫困，他1987年离开学校，走进了军营，在石河子度过了难忘的军营生活。复员后，阿里木江被分配到和静一个乡镇的供销社工作。

1997年供销社改制，为了生计，阿里木江咬咬牙，背着烤肉炉子，踏上了开往重庆的火车。他从一个城市奔向另一个城市，北京、山西、四川、广西、云南等地都留下了他的足迹。之前这些城市已经有不少新疆人在卖烤肉了，阿里木江想要再立足，难度很大。

22岁那一年，阿里木江离开家乡和静县乃门莫墩乡，跟随许多维吾尔族同乡去内地闯荡"江湖"。那个时候，去内地打工的新疆人往往遭遇一些人的偏见，因为长相不同，又说不了几句汉语，流浪的日子里，阿里木江饱尝艰辛。

为了吃饱肚子，阿里木江给人帮忙烤羊肉串，却常常被打、受骗、拿不到工钱，老板怂恿他去偷钱，阿里木江不愿意，只能一次次地放下刚刚端上的"饭碗"。

2001年，怀揣着10元钱的阿里木江流浪到了贵州省毕节市，他欣喜地发现，这里竟然没有卖烤羊肉串的新疆人，于是他留了下来。

花光了身上仅有的10元钱走投无路的时候，阿里木江结识了他在毕节市的第一个朋友——酒吧老板刘炅，有着和阿里木江一样当过兵、在外闯荡经历的刘炅借给阿里木江100元钱，阿里木江用它买了几斤羊肉，开始在刘炅的酒吧前卖烤羊肉串，一个星期后，他还给了刘炅100元。

阿里木江说："我们维吾尔族有一句古话，就是说你年轻的时候干过的事情，它的意义就像写在石头上一样深刻久远；你老了以后干过的事情，就是像写在沙漠上一样，风一吹就吹走了。"

阿里木江发现，毕节的人性格豪爽，待人真诚；更关键的是，那时候毕节只有他一个卖烤羊肉的，毕节人也很快喜欢上了阿里木江的烤羊肉，咱们的新疆汉子就在这里结

烤羊肉串

束了流浪生活。阿里木江没有想到命运从此和毕节紧密联系起来了！他觉得自己融入到毕节这个城市中，还要从一次偶然的事情说起。

一次阿里木江去车站的时候，森林发生了大火，他就赶紧跑去救火，当时阿里木江的衣服、裤子烧烂了，当地林业部门给了阿里木江300块钱，阿里木江死活不要，他一再声明那次救火是他自愿的，他不需要钱。听了这话，大伙儿看着衣服破烂的阿里木江都笑了，他们就把钱塞在阿里木江的口袋里。

拿着林业部门奖励他的300元钱，阿里木江心里感到很不安，也很幸福，这时，阿里木江深切地感受到，做一个好人，帮助别人的感觉真好！虽然自己的收入不高，但能不能为毕节多做一些好事呢？阿里木江走进了毕节市妇联，他用不太熟练的汉语告诉毕节妇联的干部，希望能资助一位贫困的学生，帮助他完成学业，他说他知道上不起学的滋味儿不好受。

在毕节妇联的牵线搭桥下，阿里木江认识了毕节学院一位叫赵敏的贫困学生。当他拿着灭火奖励的300元钱和卖烤肉挣来的200元递到了赵敏手中时，这个失去母亲的孩子接过钱后，突然跪在阿里木江面前大哭起来。这一幕，让阿里木江的内心受到了极大的触动。过去了那么久,阿里木江还清晰地记得那一幕,他说:"她非常的感动,哭得非常厉害!当时我就想,哎呀,这500块钱对于很多家庭来说也不是多么大的事,我以后一定要多帮助一些这样的贫困的人。"

从此,阿里木江资助贫困学生的义举就没有停止过,而且一做就是8年。

2003年,阿里木江资助苗族贫困生两名;2004年,资助李英踏上去北京上大学的路;2007年,一次性资助长春小学41名贫困生5000元;2008年,他在毕节设立两项个人助学基金……

阿里木江在毕节卖烤肉的工作并不轻松,他每天早上六点就要起床做准备工作,晚上十点以后才开始收摊。按理说,好不容易把钱挣到手了,也该让自己的生活过得好一点,而阿里木江却不这样。他身上穿了4年多的毛衣是在农贸市场上花了15块钱买来的。他的午饭和晚饭也很简单,一个馕加一杯水就基本上打发了。每天吃过什么,阿里木江并不记得;但他却记得哪一天是给贫困生送钱的日子,日子一到,他一定会抽出时间把钱给孩子们送过去。毕节学院学生潘昌福说:"基本上我和他接触快两年了吧,就看他买过一双鞋,对自己的生活很节俭。以前他资助过一个小女孩,那时候因为不是早上中午的时候,也没卖出多少钱,他就把钱先给那个女孩,那女孩不要,他硬给她了。他说,人在社会上就要多积一点德。他早上基本不吃早餐的,中午的时候就泡一点奶茶,吃一点馕,吃了就开始做生意。到晚上也是随便吃一下就差不多了。"

毕节地处贵州省西北部川、滇、黔三省交汇处,是贵州省最偏远贫困的地区,至今还有120多万人口没有脱贫。初到毕节,在和周围人相处的过程中,阿里木江感受到了毕节地区贫困的现实,最让他揪心的是听人说许多山里的孩子还吃不上白米饭。

别看阿里木江长着一脸的络腮胡子,可他的内心却非常细腻和善良。2002年,他去医院看望朋友,见到邻床有一个11岁的男孩,脸肿得吓人,阿里木江的心一下子揪了起

在贵州山区给学生送学习用品

来。阿里木江回忆说："当时，他在病床上，他带着一个书包在学习呢，一会儿，他的爸爸妈妈来了，也在哭泣，说现在也没钱了，准备把这个孩子带回家。我说这个病还没有治好，怎么能把他带回去？他们说这个也是没有办法，尽力了。我给他说，不行，先住下，其他的事情我们再想办法嘛。然后，我给了他200多块钱，先让他住下。"

把身上的钱掏干净以后，阿里木江的心还是放不下，一晚上都没睡好觉。第二天，阿里木江找到那个叫周勇的男孩就读的学校，说服学校发起募捐，一毛、两毛、10元、20元，全校师生共捐款1万多元。周勇痊愈后，阿里木江请他的母亲帮忙穿羊肉串，一般请人穿肉是3分钱一串，阿里木江给她5分钱，阿里木江说，我想为他们做好事，但我不想给他们带来任何压力。阿里木江说跟他们都已经有8年了，像一家人一样，关系很好。为了不让别人觉得接受资助心理上有压力，阿里木江就让他们帮忙穿羊肉串。给的待遇也比别人的高一些，一年能拿1万多块钱。

7年的时间里，小周勇记不清阿里木江叔叔为他提供了多少学费和生活费。每一次，家里无力支撑生活的时候，阿里木江都鼓励周勇：书，要继续读下去。周勇说："别人都说我很快乐也很坚强，这是我从叔叔身上学的，他做什么都靠自己的这双手，我也应该学他这样。"

把爱刻在心上

维吾尔族乐器演奏师

周勇并不是阿里木江爱心助学的唯一对象，在毕节生活的 8 年里，阿里木江卖烤羊肉串挣来的钱大部分都用来助学，他还不定期地给山里的贫困孩子们送文具。

　　2007 年 8 月，听说毕节市长春堡镇干堰塘村小学有许多贫困学生连书包都买不起，阿里木江购买了 181 个崭新的书包，用马驮着在陡峭的山崖上行走了四五个小时，把这些书包送到贫困孩子的手中。那一年，阿里木江还给大方县理化乡理化小学的孩子们送了一批文具，并向小学捐赠了 4000 元助学金。跟随他一起去的《贵州都市报》记者朱光伦回忆说："那些老百姓知道阿里木江捐了这 4000 块钱，是他靠一串一串卖羊肉串积攒下来的钱，感动了，有几位老大妈流了眼泪，有一位老大妈把她家里唯一一只老母鸡抱了出来，还有些人拿了鸡蛋，无论如何也要让阿里木江带回来。"

　　毕节学院的王敏，今年上大三了，由于父亲出了车祸，生活重担早早就落在了她肩头上。当她进入大学感到手足无措的时候，她获得了阿里木江奖学金，她做梦也没有想到，她能得到这位来自新疆的维吾尔族叔叔无私的帮助。

　　高三的时候，王敏的父亲出差时遇到了车祸，不幸身残。家里的顶梁柱一下子倒了，生活变得格外拮据，特别是王敏考上大学以后，学的又是艺术，需要钱的地方很多。本来就贫穷的家里更捉襟见肘。她没想到在这个时候，阿里木江来到了他们学校，向他伸出了援手。

　　因为阿里木江叔叔，这个云贵高原的布依族女孩开始向往新疆，开始有了新疆情结。好吃的葡萄、优美的舞蹈、善良的人们，新疆在王敏的心中已经勾勒如画。

　　王敏毫不掩饰自己对新疆的向往，她说就因为阿里木江叔叔的帮助，更希望到新疆看一下，希望能看看阿里木江的家乡，就觉得新疆的人应该都是和阿里木江一样，都很纯朴，很愿意帮助人，很热心。她希望自己毕业以后，也和阿里木江叔叔一样，也去帮助更多的人。

给学生赠送书包

  时间过得真快，一眨眼8年过去了。在这8年的时间里，阿里木江资助的200多名孩子里，有的顺利走上了工作岗位，有的考入了北京、上海等地的名牌学校。考虑到毕节不少孩子在贵州上学，他又在贵州大学外国语学院设立了"阿里木江助学金"，毕节籍的杨梅、杨海、张丽等20名贫困新生，每人都获得了500元的资助。

  从最初一个、两个学生零星的捐助，到最后建立长效机制捐助，阿里木江说自己也在转变，自己对爱的理解也不断地升华，这个过程让他意识到奉献是如此快乐。

  2010年4月14日，得知玉树地震后，阿里木江第三天就携带装有行军床、被褥、衣物、锅、碗、瓢、盆的两大包行李，以及1万多元现金从贵阳飞往西宁，奔赴玉树救援。强忍着高原反应带来的头痛欲裂和恶心呕吐，阿里木江花了8000多元在西宁购置了牛肉和蔬菜，坐车赶到玉树，协助部队官兵实施救援。救援步入正轨后，阿里木江回来了，除了身上的衣服，别的什么都没有带回来，他把能留下的东西全都留给了灾区的群众。

  2009年，阿里木江将户口迁到了毕节，他说，毕节是他的第二故乡。记者从毕节宣传部了解到，阿里木江那年已经递交了入党申请书。关于这事，这个腼腆的汉子说不出什么豪言壮语，他说自己前几年总有种异乡漂泊的感觉，但是现在不一样了，他和毕节的22个民族同胞相处很好，在祖国这个大家庭中大家就像一家人，在爱心之旅中，他也结识了不少朋友，不再孤单。受阿里木江的影响，毕节的一些企业家也加入到了捐资助学的行列。凯悦大酒店员工捐赠8800元，私营企业业主秦波捐赠5000元……涓涓细流汇聚到了毕节学院。毕节学院党委副书记汤宇华说，阿里木江感动了毕节，感动了贵州，也感动了这个社会。受阿里木江的影响，有很多社会上的人，也纷纷捐款，以阿里木江的名义捐赠，也有其他的企业家受他的影响，也在学校设立了助学金，目前他们学校有20多项助学金。

采访阿里木江时，阿里木江曾说，这个世界上比金子更珍贵的东西是人心。在毕节的8年间，他以自己的努力换取了生活的好转，用坚持和执著让毕节人看到了这个新疆维吾尔族兄弟金子般善良的心，同样，他也收获了来自这座城市的礼遇和厚爱、人们的尊重和友情。

节假日，毕节学院的学生们会主动来到阿里木江的摊位前帮忙；古尔邦节，朋友们还专门请来清真寺的阿訇，为阿里木江宰只羊庆祝节日。因为爱，所以爱，阿里木江成了毕节人都熟识的新疆"草根名人"。阿里木江说："我们维吾尔语有句话，'不出门，你当不了穆斯林'。我出门这么多年，吃了这么多的苦，很大原因是我没有文化，只有有文化、有教育、有知识才能对社会做出更大的贡献，我也不会放弃。"

2008年8月，阿里木江获选"联通杯"2007年贵州都市十大年度人物；2010年3月，当选毕节市商会副会长。2010年9月，获选"第二届贵州省道德模范"。

2010年岁末，新疆早已是冰天雪地，而"'中国网事·感动2010'年度网络人物"的投票活动却在新疆变得火热起来，因为在众多候选人中，有一位叫阿里木江·哈力克的维吾尔族汉子深深地牵动着新疆各族人民的心。12月28号，自治区党委书记张春贤亲自为阿里木江投上了宝贵的一票。张春贤书记说，他是新疆各族人民的一员，是新疆人民的好巴郎！

爱心蛋糕

如今，在毕节市卖烤羊肉串的小摊主、新疆维吾尔族人阿里木江成了网络红人，他留着大胡子、抱着新书包、被数十名山区孩子簇拥的几张照片，在几家论坛上迅速流传。被他的故事所打动的很多网民亲切地称他为：烤羊肉串的"慈善家"，社会各界对阿里木江的评价也非常给力！

网民"言论123"："心里充满感动，这样一个小人物，却做着最高尚的事情。财富有价，爱心无价。并不富裕的阿里木江用一颗赤诚之心，支撑起最朴实也最沉甸甸的慈善事业。去毕节，一定要以实际行动支持阿里木江——吃他1000串羊肉串。"

网民"管理者"："阿里木江原本是散布民间、默默无闻的草根英雄。但他微小而崇高的故事，无疑强化了广大基层民众在道德建设中的主体作用，释放了蕴藏在百姓内心的道德力量，给予我们最真实的感动。"

网民"阳光"："一个健康前行的社会，必然是国家意志与民众意志的高度合拍。阿里木江的爱心将被铭记，道德的灯塔，将照亮国家与民族前行之路。"

阿里木江依然忙碌在毕节街头，这位皮肤黑红的汉子依然在吆喝着。烤羊肉串的清香弥漫在空气中，生活还在继续，温暖的爱心也在继续。

我会照顾你一辈子
——新疆生产建设兵团第三师五〇团退休职工张耀华

那是1966年,响应毛主席"到边疆去,到祖国最需要的地方去"的号召,18岁的张耀华和17岁的王小婉分别从北京和上海来到了三师。虽然同在一个团场,但起初的3年,张耀华在挖水渠,王小婉在开荒,两人从未谋面。

1969年冬天,团里宣传队演出,清新可人的王小婉担任报幕员,一出场就让台下的支边青年们眼前一亮,张耀华也在其中。在大家的哄闹声中,张耀华坚定地说:"你们都别想了,我一定会追到她!"或许这是命中注定的爱情,一周后,同去麦盖提县赶巴扎的两人相遇了。那是一个物资紧缺的年代,门市部里人们为了买新到货的牙膏挤破了头。就在娇小的王小婉望而却步时,张耀华一头扎进拥挤的人群,为她"抢"来了一管牙膏。就这样,两人开始相识、相知并相恋。一年后,张耀华对王小婉说:"咱们结婚吧,我会照顾你一辈子的!"

结婚第二年,王小婉怀孕了。就在小两口还沉浸在即将为人父母的喜悦中时,王小婉却时常腰腿酸疼起来。怀孕4个月时,王小婉走着走着突然跪倒在地。她去卫生队看病,医生说:"是怀孕引起的缺钙,吃点钙片就好了,别那么娇气。"王小婉很想不娇气,可身体却不听她的指挥。到了临产时,她腰疼得走路都直不起身子。

1971年11月,张耀华和王小婉的儿子出生了,但王小婉却再也下不了床,她的胸部以下渐渐失去了知觉,哪怕是使劲拧掐也毫无痛感。意识到问题的严重性,张耀华带着

兵团薰衣草种植区

王小婉去了三师医院,之后又转院去了乌鲁木齐的兵团医院,把还在襁褓中的儿子留给了保姆。

到乌鲁木齐的第二天,兵团医院的医生就给王小婉下了诊断:骨结核合并型完全截瘫。得知消息后,张耀华泪如泉涌。妻子才22岁,儿子刚满月不久,未来她却要面对冰冷的手术刀和漫长的恢复期,这往后的日子怎么熬啊!抹去泪水,回到妻子的病床前,张耀华又恢复了往昔的乐观。他知道,从今往后,自己就是妻子的脊梁,无论如何也不能垮下去!

屋漏偏逢连夜雨,到乌鲁木齐的第二个月,张耀华收到了保姆的一封信。

信里只有简短的几个字:你们的孩子没了。

张耀华不敢把孩子夭折的消息告诉王小婉,背着她偷偷地哭,哭过后,他分别给北京和上海的亲人写了信,请他们配合自己向妻子隐瞒孩子的死讯。

亲人们理解张耀华的苦衷,写给他们的家信中都说:"孩子已经被送到上海了,一切都很好……"有一次,王小婉的妹妹甚至给她寄来一张百天大的胖小子照片,让她看看孩子长得有多好!

王小婉把照片压在枕头底下,时不时地拿出来,看了又看,亲了又亲。看着妻子心满意足的样子，张耀华觉得自己的做法是正确的。他希望好心情能让妻子早日站起来，可是，在兵团医院住了一年半，做了两次手术，王小婉还是没能站起来。

从此，张耀华就成了爱妻的双腿，走上了辗转求医的道路。漫漫的求医路耗尽了家中所有的积蓄。王小婉双下肢严重萎缩变形，吃喝拉撒全靠丈夫照应。

张耀华把希望的目光投向了上海，希望大都市医生精湛的医术能拯救妻子。1973年夏天，他带王小婉回到上海。

回到家中，王小婉第一件事就是要看看儿子。此时，再也隐瞒不下去了，王小婉知道了孩子的死讯。虽然理解丈夫的用心良苦，但身为母亲的她还是无法接受这个残酷的现实。王小婉像疯了一样抓着跪在床前的张耀华，又撕又吼……此后的一年多时间里，张耀华带着妻子跑遍了上海各大医院，岳母为了凑治疗费也卖光了家里值钱的物件儿，可王小婉的病情丝毫没有转机，不愿放弃的张耀华又带着妻子去了自己的家乡北京求医。

又是一年多过去了，王小婉的病情依旧。北京中医研究所的一位老中医告诉张耀华："要想她能站起来，除非出现奇迹。"这时，为了给儿媳看病，张耀华的父母已欠了3000多元的外债，双方家庭累计欠下了1万多元债务。

在20世纪70年代初期，1万元对一个普通家庭来说简直就是个天文数字。张耀华和王小婉当时每月工资才26.5元。他们意识到，如果继续治疗下去，双方的亲人都会被他们拖垮。不得已，他们决定放弃治疗，回五〇团。临走前的一天晚上，父亲把张耀华叫到了自己的房间，对儿子说："小婉可怜，不管将来怎样，都不许你半道上把她甩了！否则，你一辈子都别进我家门……"

父亲的忠告，男人的责任，使张耀华更加坚定了自己对王晓婉的爱。从那时起，照顾生病的妻子就成了他生活重要的一部分。

从北京回来，张耀华就上班了。从此，他每天天不亮就起床，自己洗漱完就开始伺

丽新疆

把爱刻在心上

坚定前行

候妻子洗漱、吃饭，然后再给妻子按摩最少半小时才去上班；每天中午回来做好饭喂妻子吃完，依旧要给她按摩半小时以上；每天晚上，他要先用热毛巾给妻子擦身体，再给妻子从头到脚轻揉一遍，之后还要按摩，一趟下来怎么说也得一个半小时。此外，张耀华每天上班，每两小时就得请假回次家，给妻子翻翻身，伺候她方便。这些琐碎的程序，张耀华坚持了近40年，换来的是王小婉卧床40年没生过褥疮的奇迹。

　　王小婉大小便不能自理，弄脏床单是常有的事儿。张耀华知道妻子爱干净，他还专门购买了10多条白色的床单和30多块垫子。每天洗单子、洗垫子可是道大工序，每次张耀华都要前前后后洗四遍：先用水冲洗掉污秽之物，泡洗一遍；然后用滚烫的开水浸泡，再洗一遍；用84消毒液泡洗第三遍；最后再搓洗一遍。让张耀华最自豪的是，经他这样洗过，那些垫子、床单、毛巾被不管用多少年，都见不到任何色渍，洁白依旧。

　　丈夫的辛苦，王小婉看在眼里疼在心上。想到自己将一辈子躺在床上，她更是极度悲伤，常对丈夫说："我活着还不如死了，太拖累你了。"听到这，张耀华总是憨笑道："忘了当初我说过，我会照顾你一辈子。我可不会耍赖！"张耀华怕妻子做傻事，他护理团里的树林时，从不敢把治虫的农药带回家；他负责团警卫排的工作时，也决不把随身的枪支带回家，可就是这样小心又小心，还是防不胜防。1978年夏天，有个同事下班后来家串门，走时落下了一瓶农药。王小婉藏起了农药，趁张耀华不在家的时候拧开了盖子……幸运的是，她很快被发现，送进了医院。张耀华至今都记得，妻子醒来后，他生平第一次对她吼了起来："你这么做，我的全部心血就白费了。你要想让我好好活着，就得自己先好好活着！"王小婉听了号啕大哭。从那以后，她再没做过类似的傻事。

　　为了哄妻子开心，张耀华投其所好。王小婉喜欢花、鱼，张耀华就在家里养起了鲜花和热带鱼，让屋里时时都能看到花的红色、叶的绿色和小鱼的游动，增添蓬勃生气；王小婉喜欢音乐，张耀华就买回来一盘盘磁带和一张张歌碟，让优美的旋律随时陪伴妻子；

王小婉喜欢琼瑶，张耀华就买来一堆琼瑶的小说和电视剧光盘，给她读、陪她看，随着她的情绪欢笑和忧伤。

五〇团的人都知道张耀华和王小婉的故事，团场和身边的职工群众也给予了他们更多的理解和帮助。曾经，有个姑娘被张耀华对妻子的执著所感动，产生了嫁给张耀华跟他一起照顾王小婉的想法，并托人转达了爱慕之意。没想到，张耀华连想都没想就一口回绝了："我这辈子就认准王小婉了！"

苍天不负有心人，在张耀华的悉心照料下，王小婉渐渐开始有了便意，还能慢慢依上肢的力量翻身。这一点点的进步，在张耀华眼里就是奇迹。从此，他照顾王小婉更用心了。

为了让妻子每天有点事做，张耀华鼓励她编织。时间久了，五彩的毛线经过王小婉的巧手变成了一件件漂亮的毛衣。

相反，如果自己心情不好，张耀华从不敢在妻子面前表露。实在难过时，就买瓶酒，自己一个人跑到戈壁滩上，一边喝一边哭，喝完哭完，再装得像个没事儿人一样回家。回到三师五〇团后，因为要照顾王小婉，张耀华再也没有出过远门。

1999年，张耀华和王小婉住进了楼房。条件好了，张耀华每天都要给王小婉冲澡。他知道，每天都干干净净的，妻子的心情才会更好。10多年来，张耀华为妻子洗澡特制的铁椅子已经坐坏了3把。

2004年的一天，张耀华在给妻子洗澡时，发现她左腿肿胀。洗完澡，他立即把妻子送进了医院。经检查，王小婉的左腿粉碎性骨折，要立即手术。手术中，王小婉的血压急剧下降，需要输血抢救，可团场医院没有血库，张耀华就赶到百里以外的县城医院求助，终于从死神手里抢回了妻子。

当脸色苍白的王小婉被推出手术室时，她说出的第一句话是："耀华，我回来了。"

走向生命的希望

双眼湿润的张耀华笑着对妻子说："以前都是你等我回家，今天你也让我等了一回，可别有下次了，你好好活着就是对我最大的安慰。你要走了，我该怎么办……"

因为长期瘫痪在床不能活动，最近几年，王小婉患上了糖尿病，眼睛几近失明，张耀华肩上的担子又重了几分。王小婉明显感到，如今丈夫抱自己翻身，总是累得气喘吁吁；背自己下床，脚步变得缓慢、沉重。

是啊，掐指一算，王小婉已瘫痪在床42年，而张耀华则不离不弃，照顾了她15300多个日夜。王小婉常对张耀华说："你这辈子让我害苦了，老了也没能享上福。如果有下辈子，只要我健健康康的，一定还给你当老婆！"而张耀华的回答总是那么简单："照顾爱人，我心甘情愿。"

40多年的牵手，从青春年少到两鬓斑白。这个特殊的家庭没有孩子的欢笑，没有妻子的操劳，只有丈夫一个人忙碌的身影。然而，面对各种艰难困苦，这对患难夫妻从来不曾放弃，坚守着他们的爱情。他们的家，有着相濡以沫，有着忠贞不渝，更有着一个男人对于责任最完美的诠释。

将中国刻在心尖上

——克州乌恰县吉根乡沙孜村牧民布茹玛汗·毛勒朵

■ 布茹玛汗·毛勒朵

2006年6月2日,"2005感动新疆十大人物"颁奖晚会在新疆卫视一套举行,而在新疆克孜勒苏柯尔克孜自治州(以下简称"克州")乌恰县吉根乡派出所里,十几名官兵守候在电视机前,他们每人面前摆了一碗马奶,等待着评选揭晓。当布茹玛汗·毛勒朵的名字在耳边响起、当大妈出现在画面里的时候,他们禁不住同声高呼:"冬古拉玛大妈万岁!"他们为"冬古拉玛大妈"自豪,为"冬古拉玛大妈"骄傲。

"中国"刻在石头上,也刻在"冬古拉玛大妈"的心头上。

"冬古拉玛"在柯尔克孜语里是山高坡陡、石头滚下来咚咚响的意思。冬古拉玛山口是克州千里边境线上的一处通外山口,走进这里,随处可见刻着柯尔克孜文和汉文两种文字"中国"的石头,边防官兵自然把海拔4000多米的山口和作者布茹玛汗·毛勒朵联系在一起,称她——"冬古拉玛大妈"。

克孜勒苏柯尔克孜自治州位于帕米尔高原,平均海拔3000多米,是新疆自然条件最艰苦的州。然而,它却是个名副其实的边防大州——全州有1190多公里的边境线。冬古拉玛,是帕米尔高原上通往吉尔吉斯斯坦的一处边防隘口。在克州,这样的通外山口有250多处。

布茹玛汗那年19岁。当时虽有明显的边界线,但没有任何界碑,因为边界那边的吉尔吉斯斯坦水草肥美,很多牧民都会越界放牧;因为没有任何界碑,两国边境的牧民也时常将捡到邻国牧民的牛羊归为己有。那时布茹玛汗便立下刻界碑的心愿。

这一年，她第一次学会了"中国"二字。布茹玛汗清晰地记得：当她第一次将"中国"刻在石头上时，她高兴得抱着石头整整三天三夜，连睡觉都没离开过它。"这么多年了，我记不得刻了多少石头，但只要我走过的地方，那里的石头就会被我刻上'中国'二字。我刻的最大的石头有房子那么大，我要让路过的人都知道，这里是中国！"

布茹玛汗至今仍记得父亲留下的话："是共产党让我们有了今天的好日子，是解放军解放了我们新疆。你们是我的孩子，只要你们有饭吃，就一定不能让解放军饿肚子；只要你们有房子住，就不能让解放军没有睡觉的地方。你们做到了才是对我尽孝。"

父亲是个孤儿，旧社会每日为巴依（富户）放牧。他对能过上今天的好日子充满感激之情。布茹玛汗记得小时候，父亲曾带领兄妹5人为解放军开山劈石，铺平道路。

正是因为父亲的缘故，布茹玛汗无论吃多少苦都要将拥军、戍边做到最好。她还记得，乡亲们曾因为她阻止他们越界放牧，而将她打得头破血流；她还记得，亲戚们嘲笑她刻石头是愚蠢行为的笑声；她还记得，丈夫因为她每日不能按时回家烧饭、洗衣而提出离婚……但她依然咬牙坚持，这一坚持就是50年，用"中国"二字刻画了一部壮丽的爱国史诗。

半个世纪前，布茹玛汗·毛勒朵还是一个风华正茂的柯尔克孜族少妇，她与丈夫托依其别克第一次来到冬古拉玛山口时，知道了什么是边境，什么是国家。

她知道柯尔克孜族是英雄玛纳斯的后裔，是一个世代守边的民族。布茹玛汗说："界碑比两家草场的界石重要，牛羊越过界石，还可以赶回来，要是越过了界碑，那麻烦的事情就大了。"

牧民

　　"戈壁上留下了石头，石滩又变成了林海；绿的原野变成河滩，山涧的岩石已经转移。一切都发生了巨大的变化啊！唯有祖先留下的史诗，仍在一代一代地流传……"布茹玛汗不识字，却能朗朗上口地唱出几段《玛纳斯》。她唱着歌儿行走在大山里，低头捡起一块石头，想着这是我们中国的石头啊！和别国的有啥不一样呢？在上面刻两个字吧，可惜她没有上过学。她想起了柯尔克孜族的谚语："请教别人百战百胜，固执己见四面碰壁。"于是，她向别人讨教，费了"赶着九头牛翻了九座山"的力气，才终于学会了柯文和汉文"中国"的写法。

　　在冬古拉玛山口，布茹玛汗已经记不清刻下了多少"中国"石。

　　羊群安静地吃草，布茹玛汗放下牧鞭，找来了一块戈壁石，先是用口水在石头上写下"中国"字样，然后拿着尖利的石头在上面反复地敲打雕琢。面对冬古拉玛雪山，她跪坐乱石上，任凭寒冷的山风吹乱秀发。双手血肉模糊之间，她的第一件"作品"伴着西陲的最后一缕阳光诞生了。看着渗入刻痕的鲜血，她双唇贴到石头上，如同亲吻着祖国大地，心中涌动着"我一个普通的牧民能为祖国做点事了"的自豪。

　　此后，一有空闲，她就找来石头刻"中国"。时日逝去，当年的美少妇变成了老太婆，纤细的手长满了老茧，可她雕刻的手始终没有停止过。

冬天，露在外面的石头少了，她每走一段路就在雪地上写"中国"二字。她不曾考虑过，雪会不会化掉，她觉得那时的手已经不是自己的了，而是中国的。曾经有人为她算过，在冬古拉玛山口留下了她8万公里的足迹，相当于环绕地球两周。可是，在她到乌鲁木齐参加"2005感动新疆十大人物"颁奖晚会之前，连100多公里外的乌恰县县城都没去过。

身后一串串坚实的脚印，散落在冬古拉玛山口。布茹玛汗熟悉边境线上的一草一木，还有那些无声的石头，就像熟悉自己的手指头一样。布茹玛汗说："冬古拉玛的石头，和家中嵌花木箱里放的东西一个样子。哪块石头是人走的，哪块石头是羊走的，哪块石头是贼娃子走的，我的眼睛里都有呢。"

1986年7月的一天，布茹玛汗巡边到了冬古拉玛山口。突然，她敏锐地发现界碑向我国方向移动了两个半拳头的距离。边界无小事，她沿着山道跑回3公里外的毡房，甚至来不及鞴好马鞍，就飞奔着到吉根边防派出所去报信。

从冬古拉玛山口到乡里有60公里的山路，诸如"驼月里干（柯尔克孜语：骆驼死过的地方）"之类的危险地名就有18处，牲畜滑坡断腿、牧民不慎坠崖遇难的事时有发生。但那时，布茹玛汗想的只是早点把情报报告给派出所。11个小时的策马飞奔，几乎把50岁的布茹玛汗的身躯颠散。终于到派出所，她顾不上喝口凉水润润冒烟的喉咙，就连夜带着官兵赶往冬古拉玛山口。经过仔细勘查确认，界碑被人为地向我方移动了25厘米。等布茹玛汗和官兵一起将界碑复原时，大妈终于支撑不住瘫倒在地。

没有无边境的国家，也没有无边民的边境。克孜勒苏柯尔克孜自治州境内有1195公里边境线，有大小250多处通外山口，仅靠边防官兵守防巡边的话，眼睛显得有些不够用。20世纪60年代，300多名边民成为边防线上不可或缺的护边员。在当地柯尔克孜族群众嘴里流传着这样一句话："每一座毡房都是一个流动的哨所，每一位牧民就是一座活着的

■ 转场

界碑。"布茹玛汗·毛勒朵就是一座活着的界碑,她家的毡房就成了巡逻官兵流动的哨所。

冬古拉玛山口,海拔4290米,地形复杂,气候变化无常。有时,一天之内春夏秋冬四季的气候都能碰到。如果碰上恶劣天气,在这里驻守的官兵生活会极度艰苦,有时还会遇到生命危险。

布茹玛汗总把一句话挂在嘴边:"你们的妈妈都在很远的地方,不能照顾你们。来到这里,我就是你们的妈妈。"

布茹玛汗有6个子女,可一茬又一茬喊她"妈妈"的"兵儿子"却像每天升起的星星数也数不清。官兵们走进毡房的时候就"冬古拉玛大妈!冬古拉玛大妈!"叫个不停,可大妈真实的名字他们不知道。而布茹玛汗却把这个称谓当成了一种荣誉,官兵到了冬古拉玛山口,要是不吃住在她的毡房里,她会生气。要是官兵被别人拉到毡房里去了,她就要和人家去"吵架"。

"冬古拉玛大妈"的节日数不清,只要有巡边的官兵到来,就是她家的节日。打馕宰羊烧炉子,大妈忙在手上喜在心头。布茹玛汗说:"兵娃子们喊我'冬古拉玛大妈',他们就是我的儿子,出门在外的儿子回来了,不宰一只羊怎么能行呢?"40年来,她宰了家里几十只羊。然而,又有谁知道,她家一年都难得吃上几次肉呢?

浙江籍战士罗齐辉说:"在冬古拉玛山口,'冬古拉玛大妈'就是我的亲妈,是她给了我重新巡逻在边防线上的机会。"1999年7月28日,罗齐辉和战友们巡防到冬古拉玛山口时,雨雪肆虐。在朝"冬古拉玛大妈"家毡房行进途中,马背上的罗齐辉突然觉得双腿失去了知觉,"扑通"一声便从马背上跌落下来,顿时不省人事。这一跤,正好摔在了大妈的毡房前,把大妈的心都摔碎了。她不管脚下是泥是雪,冲锋似的奔了过去,和官兵们一起把罗齐辉抬进了毡房。

"快!把圈里那只小山羊杀了!"布茹玛汗一边用命令的口吻吩咐着儿子,一边流着泪把小罗的双脚揣进怀里。不一会儿,一盆热腾腾的羊血端了上来。布茹玛汗双手蘸着羊血,在小罗的腿上仔细地揉来揉去。渐渐地,小罗的双脚有了感觉。接着,"冬古拉玛大妈"又把羊的内脏敷在小罗的双腿上,双手伸到下面仍不停地揉搓。小罗的双腿涌动着暖意,慢慢地睁开双眼,看着大妈的脸上和衣裙上溅满了羊血,他掉泪了。柯尔克孜族民间用热羊血治疗冻伤的土法子,在一个多小时后奏效,大妈露出了欣慰的笑容。

有一年7月下旬,某边防连长胡红利带着8名士兵到冬古拉玛山口巡逻。在离布茹玛汗家毡房还有十几公里的时候,天气陡变,倾盆大雨瞬间形成山洪,气温骤降。经过8天巡逻的官兵又冷又饿,人困马乏,所带的干粮也吃完了。只好停止前进,钻进一间废弃马厩里,把剩下的两把马料放在工兵锹上炒熟了充饥。子夜时分,执勤的哨兵借着闪电发现不远处有两个人影正向马厩接近。当人影越走越近时,哨兵叫出声来:"冬古拉玛大妈!""冬古拉玛大妈"和儿子买尔干拖着浑身的泥水来了。买尔干脱掉大衣,从背后卸下半袋子馕。面对被雨水浸透的馕,官兵们雨水伴着泪水,吃下的是"冬古拉玛大妈"的珍贵的心意。

帕米尔

"不怕风雨的牧民,羊群为他歌唱。"原来,出发前,官兵们曾与"冬古拉玛大妈"的儿子买尔干通过电话。这天下午,大妈备好了酸奶、奶茶,就开始烧锅做饭。按她推算的时间,官兵早该到了,可是左等不来右等不来,难道他们是被大雨困在路上了?她感到有些不安,当即决定和儿子买尔干去迎接官兵。雨大风狂、夜色茫茫,母子俩互相搀着,深一脚、浅一脚地向前摸索。几个小时过后,终于找到了部队官兵。

在半个世纪的守边岁月里,"冬古拉玛大妈"无数次地救起冻伤、摔伤官兵。每次官兵巡逻到此,她总是嘘寒问暖,跑前忙后,为官兵们烧一壶奶茶,为军马喂饱草料,在军用水壶里灌满水,送他们上路。她还不止一次地踏着没膝深的大雪,为巡逻的官兵带路……

吉根乡党委副书记木尔扎·依萨克说,"冬古拉玛大妈"事迹传开后,牧民参与守边护边的积极性更高了。现在,乡里确定了20户牧民家为"军民接待站",让所有过往的官兵都能吃饱住暖。克州党委、政府在号召向布茹玛汗·毛勒朵学习的同时,也提高了护边员的待遇。

"冬古拉玛大妈"回到吉根乡那天,有人在等候的人群中问一个刚毕业的大学生:"如让你当一个护边员,你干不干?"他坚定地回答:"干!谁让我们是玛纳斯的后代呢?布茹玛汗大妈就是我们的好榜样。"

如今,"冬古拉玛大妈"心里有底了,早在1995年,她的两个儿子就走进了护边员的队伍。布茹玛汗常说,她要让子子孙孙守边。当笔者问起"冬古拉玛大妈"还有什么愿望时,她对家庭的许多困难只字未提,只是说:"我的老头子是一名党员,他的身体越来越不好,如果他不在了,我们家里就没有党员了,我最大的愿望就是加入中国共产党。"

布茹玛汗·毛勒朵,已不记得50年来,自己将"中国"二字刻在多少边境的石头上,但那些石头是她心中永远的界碑。她熟悉每一块石头,就像熟悉自己的孩子。

共和国没有忘记这位几十年默默守护边界的冬古拉玛大妈。2005年她被评为"感动新疆十大人物",2006年被评为"全国国防教育先进个人",2007年光荣加入了中国共产党,2008年被评为"全国双拥共建先进个人"和"全国十大杰出母亲"。

我们的救命丫头
——哈密市二堡镇卫生院刘玉莲

刘玉莲

与共和国同龄的刘玉莲已在哈密市二堡镇二堡村与维吾尔族乡亲一起整整生活了50年。这位平凡的乡村医生,用她瘦弱的肩膀挑起了二堡村1000多人的健康保障重担,使"小病不出村,大病去医院"的基本医疗目标在这个全镇最穷的村子成为现实。在二堡村及其附近村庄,问起"刘玉莲"这个名字,可能有很多人不知道,但一说起"救命丫头"却无人不晓,大家会自豪地告诉你:"就是那个穿白大褂给我们看病的汉族医生。"

1971年,刘玉莲在驻地空军航校医院参加培训,掌握了针灸技术。回村后,刘玉莲很快用这门新技术治好了一名疑难病患者。村民玉素甫·买买提患支气管哮喘多年,脖子上还有一个很大的甲状腺瘤,多年求医问药无果,刘玉莲用针灸疗法结合药物给他治疗。两个月后,玉素甫·买买提的病好了。老人逢人便伸出大拇指说:"丫头,神医啊!"从此,"丫头"这个名字就叫开了。

1986年4月的一天深夜,刘玉莲听到村民毛沙·尼牙孜上气不接下气地敲门:"丫头,我老婆快生了。"刘玉莲赶紧收拾好接生用具,往3公里外的孕妇家跑去。赶到孕妇家,刘玉莲检查后发现孕妇严重贫血,血压很低,脉搏微弱。经过刘玉莲精心护理操作,一名男婴降生了,产妇也从昏迷中苏醒了过来。这时天已经亮了,刘玉莲要走时,产妇拉着她的手哽咽着说:"丫头,我的命是你给的,你是我的'夏帕艾且'(维吾尔语:救命女神)。"

哈密五堡魔鬼城

刘玉莲在 41 年的艰辛工作中，医治患者 30 余万人次，累计为贫困患者垫付医药费 3.5 万多元，为村里贫困学生捐助学习用品价值 6000 多元。这个数字放在 40 年漫长的时间里也许不算太多，但是从刘玉莲微薄的收入来看，却是一个了不起的数字。

几十年来，刘玉莲一直是一个没有正式编制的"临时工"医生，工资很长一段时间每月都只有 350 元。而从护校刚毕业给她打下手的护士，每月工资比她高不少。同许多乡村医生一样，至今她也没有社保、养老、医疗保险等"三金"。对于这些，刘玉莲想法很单纯，"每天看到那么多病人信赖的目光，听到村里无论大人小孩见到自己都会尊敬地问一声丫头好，就满足了"。

就是这样一位平凡的乡村医生，挑起二堡村 1000 多口人 41 年横跨两三代人健康的重担，使"小病不出村"的基本医疗目标在这个全镇最穷的村子成为现实。

刘玉莲多次被评为地、县级民族团结先进个人；2002 年，被哈密市评为十佳卫生工作者。2005 年，荣获自治区劳动模范称号。2007 年，荣获全国道德模范荣誉称号。

当了典型之后，乡村医生刘玉莲多了个口头禅："党和政府给了我刘玉莲那么大的荣誉……"后面跟着的词各有不同，但这个开头，几乎成了刘玉莲说话的范式。这句话一般不会出现在会场上发言中。只有在日常聊天时，刘玉莲才经常突然说出。说这话的时候，她坐在那儿，腰挺挺的，眼睛直望着对方，没有一点客套和矫情。包括刘玉莲和她的家人，谁也没有想到，在偏僻的农村，起早贪黑地给人治了40多年病后，"丫头"刘玉莲出名了，她当上了道德模范。接着，优秀乡村医生等荣誉一个接一个地落在了她身上。

当了典型之后，刘玉莲的生活基本上就分成了两个部分：在村里看病，到北京或乌鲁木齐领奖、接受采访。在当地，许多人都知道，他们还在娘胎里的时候，刘玉莲就用听诊器听过他们的心跳，他们预防接种的疫苗，都是刘玉莲亲手打的。甚至他们的妈妈，都是刘玉莲亲手接生的。在二堡村这个小村子里，刘玉莲诊治过全村老少三代人。也就是在中国西部经济并不发达的这个小小社区里，由于刘玉莲的存在，有300多户的二堡村达到了基层卫生保健的最理想状态——小病不出村。在刘玉莲临到北京开会的那天，卫生局派人到她家接她。

人们原以为，刘玉莲从来没有去过北京，甚至连自治区首府乌鲁木齐都没有去过，这次出这么远的门，得到这么大的荣誉，家里还不得给她认真地做上两个好菜，送行一下。

刘玉莲的心素净得让很多人看来，近乎不食人间烟火。饭桌上，领导正在向全桌发表讲话，所有的人都做出认真聆听的样子。唯有刘玉莲，正在这个当口端个酒杯站起来，绕过整个桌子走过来，给她想敬酒的人敬酒，全然不顾领导的脸色。刘玉莲获奖后，哈密市政府拨了一笔款，准备给她修一下房屋，不让她再住在土坯房子里。施工队来了。没想到，刘玉莲张着两臂拦在了房门前。所有的人都愣住了。这时，刘玉莲说，房子不能修，要修，我自己攒钱修。党和政府已经给了我这么高的荣誉，如果政府给啥我就要啥，我成了什么人了。那次刘玉莲是真急了，她一下子哭了。刘玉莲接受了所有的荣誉，但推掉了所有的奖金。这一点让政府机关相当地头疼，于是，动员刘玉莲接受政府的美意，便成了当地干部反复需要做的工作。刘玉莲后来才别别扭扭地勉强答应。

成为典型后，刘玉莲的低调和一如既往的努力，以及从来不提任何个人生活上的期望，

刘玉莲与村民唠家常

让当地政府官员感慨万端。哈密市卫生局局长曾经在全市医疗系统大会上问出席会的人，一个在农村待了40多年的乡村医生，成为全国知名的典型，无论是成名前还是成名后，从不找领导提任何要求，你们有几个人能做到。

虽然是汉族，但自幼生长在维吾尔族聚居区，用新疆的话说，刘玉莲的举止做派完全"民族"化了。她一年四季穿裙子，即使是冬天零下二十多摄氏度的气温。少数民族妇女爱修饰的习惯同样也感染了她：刘玉莲每天佩戴首饰，哪怕是一条不太值钱的项链，她也认真地戴上，然后给自己化妆。这一点与汉族地区生长的乡村医生十分不同，也与同样生长在农村，与刘玉莲年龄相仿的花甲老人不一样，刘玉莲的身材和相貌，再加上打扮，可以说十分出众。但只要有人夸她漂亮，刘玉莲就会毫不掺假地自谦："丑死了，好看什么。"刘玉莲的举止和礼貌，也与维吾尔族妇女十分相似。

在北京，坐电梯的她，一次又一次地把身后的人让进电梯，看到没有人了，自己才最后一个走进电梯厢。同行的人后来提醒她，不要老让了，电梯会关门走掉的。

刘玉莲第一次去北京领奖的时候，得知"丫头"要从北京开会回来，全村的人一早就在村头上等，敲着鼓、跳着舞的队伍一直排到了刘玉莲的家门口。乡亲们说，"丫头"出名啦，我们不让"丫头"离开我们村。在行医几十年中，刘玉莲有数次机会离开这个村子，去乌鲁木齐或者别的地方生活。

有一次，因为二堡村生活环境恶劣，政府曾有意将部分村民搬到别的地方去。刘玉莲的丈夫甚至把搬家后耕种的土地都平整好了，最后还是被村民们拦住了。二堡村的村民说，别人可以走，"丫头"不能走。政府如果非要把"丫头"调走也行，那就再派一个像"丫头"一样的好医生来。刘玉莲的卫生室重新翻盖了，要起个名字。刘玉莲说，叫玉莲卫生室吧，我让大家叫了一辈子"丫头"，以后年纪大了，难道还叫"丫头"不成。维吾尔族老乡都说，就叫"丫头"卫生室，我们就喜欢这个名儿，不改。

每天早上八点左右，刘玉莲都会准时来到卫生室，打扫、消毒，做好一天的准备工作，再等着一个个前来问诊、取药的病人，哪怕是凌晨刚刚下了火车回到家中。

新疆的早晨，天亮得晚，八点钟只相当于内地的五六点。过去，刘玉莲的卫生室只有她一个人，没有人监督她上下班是不是迟到早退，更没有人盯着打卡扣工资，她服务的对象，也只有自己村子的群众，最多还有附近几个村子的人，但是，这个乡村医生，40多年来，却用如此自律的方式迎接她职业的每一天，在这里，她感到太阳每天都是新的，空气每天都是新的，生活每天都是新的。

刘玉莲经常提起已去世的父亲。父亲那时在生产队里看瓜，可刘玉莲从来没有吃到过父亲看的瓜。一天，家里人赌着气想吃瓜，打发最受宠爱的刘玉莲向父亲要。父亲看了看女儿，低头钻进瓜地，捧出一个烂了半边的西瓜，把坏的地方削去，放进刘玉莲捧着的小锅里。父亲是对她影响最大的人。从父亲那儿，刘玉莲知道了什么叫作无私。刘玉莲说，要是父亲还活着，知道党和政府给了女儿那么大的荣誉，看到她现在经常站在台上领奖，不知该有多高兴。说罢，眼眶中盈满了泪水，她使劲儿忍着。

全国道德模范刘玉莲医生上了春晚，对于病人来说她是个好医生，但是在她的心坎上却有一个伤疤！她的第一个女儿才11个月大的时候，因要外出为病人看病无法照顾，后来女儿生病，没有得到及时照料而夭折了。

刘玉莲从来没有向任何人表露过自己的情感，只是有一次面对新疆电台女记者的目光，她掏出了女儿刚出生的照片，一直抚摸着，眼泪就那样无法遏制地流了一脸。她喃喃自语："换成任何一个要治病救人的医生，他可能都要面对这样艰难的选择，对于我的孩子我无比内疚，这是我无法逾越的心理鸿沟。但是对于我的选择我没有后悔过，因为我的救助及时，那个家里的顶梁柱没有塌，涉及好几口人呢！"

包扎墩牧民的守护者

——特克斯县包扎墩牧区乡村医生居马泰·俄白克

■ 居马泰·俄白克

居马泰·俄白克，男，哈萨克族。1964年10月出生于新疆伊犁特克斯县乔拉克铁热镇，1992年7月毕业后分配到包扎墩牧区卫生院，一干就是二十多年。二十多年驻点生涯，翻雪山、过冰河，居马泰无数次遇险，但他仍在坚持。牧民们称呼他为包扎墩牧区的守护者。

居马泰的简历很简单，在包扎墩牧区一干就是二十多年，没有一句怨言和牢骚，他用自己的艰辛付出和无私奉献，赢得了2012年中央电视台"最美乡村医生"这一殊荣。

特克斯县的人都知道居马泰工作所在地包扎墩，但是真正进入包扎墩牧区的人却很少很少，原因是这里山高路险，很多路都是在悬崖峭壁中盘旋，上下坡度陡峭，有些道路上还常结有厚厚的冰层，马在行进中全靠四个马蹄上的铁掌在阻滑，走在包扎墩的险道上，只能把生命和财产全部托付给马匹，稍不小心就会连人带马滑下深渊。每年的两次转场，都会有大量的牲畜失足掉下山涯，包扎墩里的山路用"天堑之道"、"魔鬼之路"来形容，一点都不夸张。既然那么危险，为什么还有人进包扎墩？

特克斯县县域土地里有93%是山区丘陵，人均耕地面积不到两亩，牧民没有饲草料基地，放牧只能依靠天然草场四季转场，而包扎墩是伊犁哈萨克自治州三大冬牧场之一，也是特克斯县最好的冬牧场，总面积2200余平方公里，平均海拔3000多米。虽然进出包扎墩的道路非常难走，但进入牧区以后，这里水草丰美，气温适宜，是牲畜越冬的天堂。特克斯县四个乡镇和七八团、尼勒克部分牧民2000多户、6000余人、30多万头牲畜每

包扎墩牧民的守护者

航拍特克斯八卦城

年10月都要从夏牧场转入这个冬牧场,第二年三四月份再转回夏牧场。为了解决牧区医疗卫生问题,特克斯县专门设立了包扎墩牧业卫生院,下辖四个卫生室、八名乡村医生承担着全县四季转场牧民的医疗卫生服务。居马泰所在的阿尔帕萨斯牧业卫生室就在进入包扎墩冬牧场的必经之路上。居马泰把家安到了那里,成为他一年四季在牧区巡诊的大本营。

有一天,一位叫阿依夏的妇女急匆匆地找上门。说她八个月大的孩子患重感冒急需治疗,居马泰一听,立即给孩子量体温,发现孩子正在发烧。

发高烧对于生活在城市的孩子来说,是常见的事,但山区海拔高,如果发高烧得不到及时医治,将引发肺炎等并发症,严重的还会危及生命。居马泰对阿依夏说,赶紧把孩子送往牧区治疗点。

从牧民放牧相对集中的冬窝子到特克斯县牧区治疗点,有五十多公里的山路,从这里出山有两条路,一条路相对好走,但骑马需要三天时间,另一条路要翻越海拔四千多米的冰达坂，道路崎岖，但只要两天。可这条路海拔高，积雪厚，道路艰险，为了节省时间，他们决定翻越冰达坂。带着八个月大发烧的孩子要在寒冷的茫茫雪海中行走两天，阿依夏的心里充满恐惧，为及时掌握孩子病情，居马泰骑马抱上孩子，因为一手抱孩子，一手要抓缰绳，不能腾出手随时查看孩子病情，为了能贴脸体察孩子体温，他还特意刮掉了胡子。翻越冰达坂异常艰辛，一会儿厚厚的积雪埋住了路，一会儿马陷进雪窝站不起来，好不容易来到一个牧民中转点，居马泰顾不得休息，赶紧生火烧水，给小孩取暖喂药。

继续上路后居马泰只有一个期待，尽快到达牧区治疗点。谁知一条夹杂着冰块的湍急河流挡住了去路，居马泰十分焦急，当地牧民探水后告诉他，骑马过河绝对不行，必须绕道通过溜索才能过去。他们又在崎岖的雪海中苦苦寻觅，终于找到了拴在河两边树上的溜索，居马泰紧紧抱着患儿溜到对岸。经过两天的艰难跋涉，带着一路的疲惫和惊吓来到牧区医疗点后，居马泰立即为小孩挂瓶注射，经过精心治疗，退烧后的孩子终于露出了笑脸。

居马泰是一个坚守信念，从不言苦的人。包扎墩牧区条件艰苦，没有路，不通电，没有电话，除了牛羊和草料外，基本上所有的生活物资都要从山下往上运，生活环境很封闭。县卫生局派到包扎墩阿尔帕萨斯牧业卫生室的医生，在阿尔帕萨斯工作没有超过三个月的，派去的医生总是想尽理由要求离开。而居马泰，在包扎墩坚守了20年。20年里，他每年从入冬开始每月进入牧区巡诊，每年巡诊半年以上，每年骑着马在艰险的山道上巡诊上千公里。他视牧民为亲人，病人的每声呼唤，居马泰都不推辞；病人的每一次要求，居马泰都会接受；无论白天黑夜，不论刮风下雨，居马泰都会毫不犹豫地背上药箱，扬起马鞭就上路。很多牧民善意地开玩笑说："居马泰医生是个听话的'飞机'。"意思是说，谁生病了，居马泰都会随叫随到。

工作途中的居马泰·俄白克

居马泰在包扎墩牧区行医 20 年间共骑过 5 匹马，其中两匹马都因为道路险峻失足摔死。第一匹马是在 1994 年的冬天，为了到阿尔巴萨拉斯沟救治一户牧民，马摔下山崖而死。2005 年冬天，居马泰又收到铁克泰克沟一户牧民求救的口信，居马泰带着药品就往那条沟里赶，山路陡滑，走在冰面上的马突然失蹄，直接往山下冲去，居马泰迅速滚下马来，也顺着陡峭的悬崖向下滑，山坡上全是尖利的石头，万幸的是在悬崖中间有一个小小的平台，马掉下了数百米的山崖，居马泰落到了平台上，当场昏了过去，右腿被石头掀掉了一大块肉，血浸红了裤子。离这里三公里的地方是牧民姜布拉提的家，居马泰醒来后大声喊姜布拉提的名字，正巧姜布拉提在附近放牧，寻着声音找到了受伤的居马泰，救起居马泰。到了姜布拉提的家，居马泰醒过来的第一句话就是："我装药的马褡子在悬崖下，快去帮我找回来。"由于右腿被尖利的石头削掉一大块肉，居马泰无法给自己的腿进行伤口缝合，至今，那条伤口依然十分醒目。

居马泰在包扎墩工作的二十多年时间里，从未向局里提过条件，也从没有诉过苦，每次见到居马泰，他都是办完事就走，让人感到他似乎理所当然地成了包扎墩人。其实，居马泰在包扎墩里屡次遇到生命危险，吃尽的苦头和他家遇到实际困难，笔者都是事后通过一些牧民了解到的。

居马泰28岁时进入包扎墩，到现在已经50岁了，因为长年在高海拔、高寒、潮湿的环境工作，他患上了心脏病，但他仍坚守在牧区，默默为群众奉献。他做的事是老百姓最急需的事，他是老百姓最需要的人。他说，牧民离不开他，他也离不开牧民。他扛着沉甸甸的责任，在荒野播撒爱和善良。

居马泰全心全意为牧民服务的工作态度使他在包扎墩里深受欢迎，成为牧民群众的知心人和健康守护神。感谢他，是因为居马泰扛起了解决特克斯最艰苦、最困难的牧区医疗卫生问题的担子。

作为一个非常普通而又不平凡的牧区医生，在特克斯卫生系统，居马泰有着很高的威信，他20年坚守在牧民为之生畏的包扎墩牧区，做到了常人难以做到的事情。他怀着高尚的医者仁心，常年奔波于高山深壑中，悉心看护着牧民的健康，圆满完成了工作使命。正是因为他这种不张扬、不叫苦、不畏难的低调奉献精神，赢得了大家的爱戴。

居马泰是一个舍小家为大家，不图回报的人。在接受着牧民们赞誉的同时，他也心怀对家人的愧疚，每年有300多天居马泰都在牧区巡诊，居马泰的妻子努尔山木汗体弱多病，5次住院接受手术治疗，有两次居马泰都因出诊不在妻子身边。他几乎没有时间帮妻子做点家务事。3个孩子还年幼，他没有时间关心子女学习成长，他也没有时间为长辈们尽点孝心。妻子没有工作，家里全靠他每月的工资收入生活，日子过得很清苦，可他毫无怨言。

居马泰是一个脚踏实地，干一行爱一行的人。他二十多年如一日奋战在基层医疗卫生事业第一线，满腔热情地为患者排忧解难，从没出现过医疗事故和医疗纠纷，靠的是他勤奋好学，刻苦钻研，对自己严格要求。

毡房顶

　　每次全县召开乡村医生会议，居马泰都是最早一个到，他和各乡镇的医生在一起，一会儿用汉语、一会儿用哈语跟其他医生交流治病中遇到的疑难问题。有人问他，他在医疗行业都待了十几年了，可以说是卫生系统的一级元老了，怎么还向一些年轻人请教，居马泰笑着说："有一句话叫'三个臭皮匠赛过诸葛亮'，我工作年限比较长，但只能说我的经验比较丰富，现在的乡村医生和过去不一样，学历高，都是上过大学的，见得多，文化层次高，他们有他们的优势。"

　　居马泰是个善于学习的人。为了掌握新型药的用法和用途，居马泰十分渴望学习现代医疗技术，在想方设法提高自己对现代医疗技术的水平外，他还刻苦地钻研着哈萨克医药技术，这样不仅能更好地为牧民解除疾患，也能通过宣传和教授，让山里的牧民利用山上的草药资源来解决平常小病。

　　居马泰平时不爱说话，但给牧民看病时却有着讲不完的话，如何服药，如何预防，怎么养病这些重复了千遍的话，在牧民心里一直都显得那么亲切，牧民手中每一瓶药的包装盒上，都有居马泰手写的哈语注解。他常说，只有到了包扎墩才能实现自己的人生价值，给需要的牧民朋友看病，是人生最大的乐趣。那里的人都是朋友，人不会想离开朋友……

每次看到无法医治的牧民逝去，居马泰都会很伤心，每次看到病愈的牧民脸上的笑容时，居马泰心里比什么都高兴，在居马泰眼里，为牧民兄弟姐妹看病不是负担，而是他生命中的最大的乐趣。

居马泰是一个豪爽大方，从不计较个人得失的人。尽管自己很难很苦，他还尽力资助家庭困难群众，经常为患者减免或垫付医疗费。20多年来，他自己也记不清诊治过多少患者、帮助过多少群众，但牧民群众却深深地记住了他的好，提起他都赞不绝口。

在社会大爱与个人追求之间，居马泰选择了大爱；在个人利益与他人幸福之间，居马泰放弃了自我，他始终任劳任怨，无怨无悔。在20多年行医中，他免收的费用折合人民币达10万余元。他家只靠他一个人工资生活，但遇到有困难的人他都伸出援助之手。有一次，一位同事为脑瘫的女儿做手术，他一次就筹措了2万元借给同事。大家说居马泰付出的太多了。居马泰说："那要看怎么算，我的孩子上学国家免费，我看病国家给我报销，要是这样算的话，我欠国家的远远不止10万，人就要这样相互帮助，我们谁都离不开谁，大家本来就是一家人嘛。"

居马泰是民族团结的典范，心怀真心、诚心服务于各族群众。他对各族群众都有着兄弟姐妹般的朴素情怀，始终怀着一颗医者仁心，对各族患者都热情相待，在20多年的行医途中他救助过无数名哈萨克族、柯尔克孜族、汉族、回族、维吾尔族等民族患者朋友，用真心、诚心服务于各族群众。

为了更好地开展工作，居马泰还自学了各种语言，能够熟练地运用哈语、汉语、维语等语言与各族患者沟通交流。20多年来，他用实际行动践行着汉族离不开少数民族、少数民族离不开汉族、各少数民族之间也相互离不开的思想，生动诠释了民族团结一家

包 扎 墩 牧 民 的 守 护 者

■帐篷

亲的深刻内涵。他用自己对牧民的呵护，换来了各族牧民对他的尊重。

这么多年来，居马泰只求过卫生局一件事情，他说："我年龄也大了，如果我退休了，没人来包扎墩当医生，包扎墩里的牧民怎么办？"他要求在包扎墩牧区里挑选几个有知识有文化，而且对包扎墩有感情的年轻人进行培训，由他负责给他们教常见病的预防和治疗，把他们带出来。这个最为普通的哈萨克族医生，从来没有为自己的事找过上级，局里也曾考虑他的家庭困难多，几次要把他从艰苦的包扎墩卫生院调出来，他都拒绝了，他不仅关心着包扎墩牧民今天的健康，还考虑着牧民的未来。他很朴实的几句话，包涵了一颗无私的心和对包扎墩牧民无以复加的深厚感情，他用自己的生命燃烧出微弱之火，照亮着在包扎墩牧民崎岖坎坷的生活。

正如中国工程院院士钟南山对乡村医生的评价："把自己置于脚下，把病人端在心头，把生命举过头顶，想尽办法为乡村的老百姓解除痛苦。"居马泰的精神感动着包扎墩的一草一木，也感动着伊犁哈萨克自治州的每一位干部群众，心系牧民、默默奉献20年，这种扎根基层、服务群众的精神正是我们党所倡导的，也是我们这个时代所需要的，是值得我们每个人学习的。

居马泰是我们身边的典型，也是新疆农牧区基层卫生战线的骄傲。一只老式的皮药箱、一匹马、一个装满药的马褡子、一件绑在马鞍后的皮大衣见证了居马泰的牧区医生生活，他那风尘仆仆的马上身影在包扎墩已经成为牧民们眼中最美的身影。他用平凡的职业和不平凡的高尚情操，鲜明地谱写了救死扶伤、治病救人的感人篇章，用他的实际行动践行了社会主义核心价值观和"爱国爱疆、团结奉献、勤劳互助、开放进取"的新疆精神，树立了新时期乡村医生的光辉形象。

为维吾尔族兄弟无偿捐肾的汉族姑娘
——全国道德模范、全国十佳大学生、全国民族团结个人王燕娜

王燕娜

王燕娜，出生于1982年6月，生活中是个乐观活泼、乐于助人的青年。她长期活跃在社区志愿者服务队中，为社区孤、残、老、弱送去无私的帮助。对身边的朋友，她只要力所能及总是义不容辞地伸出援助之手。

王燕娜从小就很懂事，上小学六年级时就曾用父母给的100元零花钱为贫困居民买煤。上初中时，她利用闲暇时间在乌鲁木齐市红十字会所属的敬老院照顾过5名孤寡老人。

2007年3月，新疆昌吉回族自治州昌吉市18岁维吾尔族学生毛兰江·吾买尔的遭遇占据了各大媒体的头条。毛兰江被诊断患有慢性肾炎、尿毒症和慢性肾衰竭等重病。经多家医院诊断，只有换肾才能挽救生命。毛兰江生活在一个普通的家庭，父亲吾买尔是自治区农业干部学校的老师，母亲阿孜古丽是学校的护士。经医院检查，父亲血型不符、母亲患有慢性肾炎，其他家属也因为种种原因不符合捐献标准，毛兰江只好依靠每周4次的透析勉强维持生命，而昂贵的医药费很快花光了这个家庭30万元的积蓄。为了挽救儿子的生命，毛兰江父母卖掉了房子。

王燕娜在报纸上看到毛兰江身患尿毒症，亲友间配型均不成功，急需肾脏移植挽救生命的消息。她忍不住为这名维吾尔族少年的生命担忧，她觉得应该为毛兰江做些什么。她主动来到新疆医科大学第一附属医院肾病科与毛兰江家人见面。当得知毛兰江生命危在旦夕的情况后，她当场提出无偿捐献肾脏的请求，希望能够尽己之力挽救这个维吾尔

族兄弟的生命。

"医生，我想给毛兰江捐肾。"王燕娜找到毛兰江的主治大夫热依汗·西里甫。

"你？"热依汗大夫用疑惑的目光望着这位汉族女孩："你走吧，不可能的。"

热依汗大夫知道，按常规，活体捐肾基本上都是在亲友间或以帮扶的形式进行，陌生人捐肾太少见了。

一个汉族女孩，为什么要无偿给一个素不相识的维吾尔族少年捐肾呢？

一时间不解、猜疑向这个年轻的女孩袭来。"她是要卖肾吧？！"

王燕娜无偿捐肾的好心，并不能避过世俗的眼光，捐肾之路变得艰难。做司法公证、经受新疆医科大学第一附属医院伦理委员会考证时，她知道这都是本着对供体受体双方负责的态度，她铁了心："只要配型成功，我捐定了。"

毛兰江被尿毒症折磨得脸上已经没了血色，两条腿变得很细很细，"谁见了他都会想方设法挽留他的生命。"王燕娜说。

他们一起吃饭，一起去公园玩，王燕娜让毛兰江重新找回了生存的希望。由于饱受重病折磨，年少的毛兰江常常心事重重，他曾对王燕娜说："父母为了救我什么都没了，等我好了，我要努力考大学，毕业后努力赚钱，帮父母还债。"

为捐肾做的这一切，王燕娜开始都瞒着父母。她以为自己是成年人了，捐肾的事只要自己决定就行了，不想让父母担心。

然而，非亲属的维吾尔、汉族人士之间做活体肾移植对医院来说是一个新课题，除了医疗技术方面，更多的挑战来自医学伦理学和对器官移植条例的解读和探讨，医院对此非常重视。

医院组织法律、医学伦理、器官移植、心理学等方面的专家多次讨论，并对王燕娜的身体条件、心理状况、捐肾动机做了系统检查和了解。结果表明王燕娜的身体条件符

为维吾尔族兄弟无偿捐肾的汉族姑娘

维吾尔族少女

合捐肾的各项要求。

最后，医院在提请医学伦理委员会审查时，专家们发现供体父母并不知情，就告知王燕娜，此事必须有亲属签字。不得已，王燕娜只好告诉了父亲。

"你是不是因为家里困难去卖肾？"连父亲也提出质疑了。听了女儿的诉说，万分宠爱女儿的父亲心软了，但他仍然担心，"捐肾是好事，但你还没有成家，少了一个肾对日后生育、婚姻家庭会不会有影响？"

看到女儿决心已定，父亲不再阻止她，只是对她说："以后不管发生什么事，爸爸都会陪着你往前走！"

做肾移植手术的事，王燕娜始终对母亲守口如瓶。母亲身体不好，患有心脏病、高血压、糖尿病，天天药不离口，她怕母亲受不了。

王燕娜决定向毛兰江捐肾的消息经过媒体报道后，不解、猜疑一起向她袭来。王燕娜面对社会、家庭等多方面的不理解和质疑，并没有犹豫，仍然坚持着自己的决定。正是靠着这无私的爱，最终在父母和有关部门、爱心人士的大力支持下，2008年3月27日新疆医科大学第一附属医院对王燕娜、毛兰江二人成功地进行了肾移植手术。此次手术成为新疆医学史上第一例不同民族之间无偿捐献肾脏的手术。

手术的前一天晚上，平日里无话不谈的王燕娜和毛兰江都很沉默。两人只是相互注视着，他们知道这次手术非比寻常。他们分别躺在手术车上，就在马上进入手术室的那一刻，毛兰江双手紧握住王燕娜的手，眼睛里闪着泪花："姐姐，你不要害怕，有我呢！"

注视着毛兰江的目光，王燕娜流泪了，她真的不怕了。

王燕娜原本是个胆小的女孩，这么大了每次打针都需要妈妈陪同，还免不了要哭一鼻子。但在为陌生维吾尔族少年无偿捐肾的问题上，却表现得异常勇敢。

手术持续了3个多小时，当王燕娜被推出手术室，迎面而来的是父亲关切的目光，

为维吾尔族兄弟无偿捐肾的汉族姑娘

乌鲁木齐市风景

平时不善表达感情的父亲竟然俯身在女儿脸颊上亲吻了一下，虚弱的王燕娜笑了。

毛兰江的父亲吾买尔说话慢条斯理，王燕娜的父亲王秀江高大魁梧，皮肤黝黑，很有北方男子的气质。看到两个孩子相继被推出手术室，两位父亲互相拍拍肩膀，"以后，孩子们是你的也是我的，我们是一家人！"

手术3天后，王燕娜在病房里首次见到换肾后的毛兰江，"你看起来真精神。"王燕娜发现原本脸色灰暗、精神不振的毛兰江面色变得红润起来，自己的一个肾竟然让他有了这么大的变化，王燕娜有一种说不出的骄傲和喜悦。

看到姐姐来了，毛兰江紧紧拉住她的手，"姐姐，谢谢你给了我第二次生命！"

毛兰江的爸爸吾买尔心情难以平静。他激动地哭诉："我儿子能获救，最要感谢的是无偿给我儿子捐肾的王燕娜。"

王燕娜的母亲终于知道了女儿捐肾的事，那是在手术后。手术3天以后，王燕娜的母亲徐新花上街买菜，一位邻居大婶拉住她的袖子说，你们家女儿捐肾了吗？徐新花疑惑地说，你胡说啥呢？邻居大婶说，你女儿都上电视了，你没有看到吗？你咋不拉住打她两下子，好好一个肾就白白捐给人家吗。徐新花提着菜，迈着僵硬的腿，神情恍惚地上楼梯，她只感到心慌气短、天旋地转，差点没从楼梯上摔了下来。徐新花说："她爸爸说娜娜在医院里呢，我一下坐不住了。她爸说，咱俩一块去看看。我心里埋怨他，但嘴上没敢说。去的路上，心跳得不行，腿都不会走了，他们搀着我，我吓了一头汗。我站在门缝里看眼女儿，脸黄黄的。我的泪一下子就止不住流。后来，我对女儿说，你起

97

码给我说一下，尊重我。她说，害怕我激动，你有心脏病呢。我说你为啥这样做，她说，妈妈，你给人家一百万、一千万有什么用，不如给个健康，比什么都好。你家丫头够幸福的，没有病，很幸福。我说，你这样做对不对得起你的父母？她说，我感觉是对得起的，对得起所有人。我看那个毛兰江也好了，脸上也有点血色，女儿也好了，我现在有笑容了。"

　　父亲王秀江心疼地看着女儿，半晌，这个满脸刻着沧桑皱纹的中年男人哆嗦着嘴唇，眼里含着泪，深深地吸了口烟，在弥漫的烟雾里，他用沙哑的嗓音说，娃娃真伟大，她做了件连她父亲都没有勇气做的事情。说完，他揉了揉满含着泪水的眼睛。王秀江说："这个娃娃做了民族团结的好事。我认为娃娃大了，为了国家的利益，有了捐肾的想法。爸爸为你高兴，爸爸做你的后盾，再大的事情，爸爸都能承担得了，将来女儿找不上对象了，爸爸养她。"

　　王燕娜告诉母亲，毛兰江的父母为了给他治病："房子都卖了，已经花了快30万元了。"母亲瞪大眼睛："唉，太可怜了，我要有钱我也会给他们捐。"

　　虽然毛兰江出院已经好几天了，但是王燕娜心里并不踏实，她的心一直牵挂着这个维吾尔族弟弟。

　　王燕娜的妈妈徐新花告诉记者这样一件事儿："昨天孩子还说：妈妈，毛兰江的钱咋办呢？想办法咱也给他捐一点吧。我说现在这个情况，你看咱们家，你也看到了。"

　　让王燕娜揪心的是，已经举步维艰的毛兰江一家人，怎样承担术后昂贵的药费。而自己和父母目前也没有能力再次伸出援手："我的目的就是希望他能健健康康地上学、孝顺父母，走完他剩下该走的路，但不要这个手术做完了，肾给他了，用不了多长时间又坏了不能用了，那我做这个等于是白费心了。"

　　王燕娜希望有更多的人能够帮助弟弟毛兰江："我也在学习，我学习怎么样去帮助别人，我也希望多一些像我有这样想法的人，去帮助周围需要帮助的人。我希望更多的人

为维吾尔族兄弟无偿捐肾的汉族姑娘

■ 温暖

99

来关心一下他，然后让他健健康康地生活、上学，来报答这个社会对他的关心。"

王燕娜的事被媒体报道后，关心她和毛兰江的人越来越多，人们敬佩王燕娜做了常人不敢做的事。乌鲁木齐市政府领导来了，团市委领导来了，普通的市民也不约而同地来了。团市委发出倡议书，号召大家为毛兰江和王燕娜捐款。

王燕娜无私帮助毛兰江的故事广为传颂之后，"感动新疆"十大人物之一、八年如一日抚养汉族弃婴的阿不力孜·努来克老人极为牵挂。老人在接受采访时说："我知道了他们的故事以后，特别感动流下了眼泪，有机会的话我想去看望他们。新疆是个多民族大家庭，我很高兴大家都很团结。我祝他们早点康复。"

由于远在巴楚，阿不力孜·努来克老人没有赶到乌鲁木齐来看望王燕娜和毛兰江，但这无法阻挡老人的爱心。老人祝愿王燕娜一生平安，祝愿毛兰江的身体一天天好转，能早日重返校园。

驻疆某部民族六连是一支由13个民族组成的连队，六连副连长艾来提·买买提代表连里来慰问。

民族六连的官兵纷纷向王燕娜和毛兰江表达自己的祝福。四班战士何阳说自己被这件事情深深打动了，希望王燕娜好人一生平安。"千言万语也表达不出我的崇敬和感动之情，我只想说，只要人人都献出一份爱，这个社会会更加美好，更加和谐。"

战士艾斯卡尔·肉孜说："我真心祝福王燕娜这一生都没有坎坷；祝毛兰江早日康复。"

阿迪力特意用琴声表达了对王燕娜和毛兰江的祝福，希望他们在今后的生活中，能够更加快乐开心。

中国青年五四奖章获得者、新疆各族青年团结进步先进个人、达西村团总支书记买买提·沙吾尔带领村里的青年团员代表，带着尉犁县的土特产——小馕、罗布麻茶、烤全羊，坐了6个多小时的车，赶到乌鲁木齐看望王燕娜。这是达西村村民的共同心愿。

新疆医科大学维吾尔族员工加尔肯说："新疆是一个多民族的地区，一个未婚的汉族姑娘能够把自己的肾脏捐献给维吾尔族少年，这件事几乎感动了所有的维吾尔族人，这是我们新疆各民族友好团结的见证。王燕娜值得我们尊敬和学习。"

面对来自各界的慰问和赞扬，王燕娜总是淡然地说："我的想法一直很简单，我只是做了我力所能及的事。我要代表我的全家感谢社会各界一直以来的关心。这将是我一段最难忘的人生经历。"

2008年以来，王燕娜先后荣获"新疆维吾尔自治区道德模范"、"民族团结进步模范个人"、"感动新疆十大人物"，入选"感动中国候选人"；以及全国道德模范、全国十佳大学生、全国民族团结个人等荣誉称号。2012年4月，根据王燕娜的事迹改编的电影《娜娜》在全国上映，引起了强烈反响。

王燕娜认为，无论是经历还是荣誉，时间已经让这一页翻过去了，但翻不过去的，是民族间的情谊。直到现在，王燕娜还经常和曾救助的维吾尔族小伙保持联系，逢年过节，两家人就串门拜访，相处得就像一家人。王燕娜说："在那段经历中，我多了个亲弟弟，这就是最大收获。"

人生的舞台一直在变换，可王燕娜那份坚持爱心善举的单纯心灵始终没有变。王燕娜说，在公益的路上，她注定还会很忙碌："我希望在工作之余能多投身到社会上这些爱心事业当中去，做一些力所能及的事情，去传递正能量，让这个社会更加和谐。"

私车公用大叔

——和田电力有限责任公司拉斯奎火电厂艾尼瓦尔·芒素

■ 艾尼瓦尔·芒素

在新疆和田,有一辆车身贴满红色党旗和党徽的银灰色小卧车,"十公里内免费接送"的维吾尔文、汉文标语贴在后车窗上。在近5年的时间里,维吾尔族大叔艾尼瓦尔·芒素用这辆私家小汽车,搭上了汽油(天然气)费、过路费等成本费数万元,免费接送老弱病残乘客上万人次,被网民亲切地称为"私车公用大叔"。

作为新疆和田电力公司的一名老职工,艾尼瓦尔的日常工作就是早晚两趟开班车,接送去拉斯奎火电站作业区工作的干部和工人们。其余大段时间里,他就开着自家的微型小卧车,穿梭在和田市大街小巷,免费搭载老弱病残乘客。

晨光笼罩的和田大街上,车来车往。车河里,艾尼瓦尔的那辆贴满鲜红党旗和党徽的小车十分抢眼。

为了赢得大家对这辆"免费车"的信任,艾尼瓦尔做了很多努力。他自掏腰包印了1000多张"共产党员便民服务卡",卡上印着名字、照片、电话,还用维吾尔、汉两种文字写着:"我是一名共产党员,免费接送";在车挡风玻璃前的显著位置上,还贴着"和田电力公司共产党员服务车队"、"十公里免费接送"的字样。

转过一条街道,车停靠在阿勒恰西路的路边,一位花白胡须的老大爷正在拦车。稍显迟疑后,老大爷拉开车门坐了上来。艾尼瓦尔的脸上顿时笑开了花。车子起步之后,他马上放起音乐,小小车厢里立刻回荡起维吾尔族传统的十二木卡姆曲调。细心的艾尼

和田地区民丰县牙通古斯村建筑

瓦尔准备了两种不同的音乐。如果是汉族乘客上车，播放的会是《珊瑚颂》等脍炙人口的经典红歌。

"很多人不给钱的事情不干，给了钱也不好好干。"花白胡须的老大爷艾提尼亚孜十分赞赏艾尼瓦尔的行为："他就是我们身边的雷锋，很多人都知道他，只是他自己一点'排档子'（维吾尔语：好处）都没有。"

现在在和田，艾尼瓦尔·芒素的知名度颇高，绝大多数人对他敬重而钦佩；但也有极少数受极端思想影响的人，却对他侧目而视，认为他这样做"是要遭报应的"。

"我不怕！不管别人怎么想，我要坚持下去，我就是想证明共产党员就是要为人民服务！"停顿了一会，他降低了声音喃喃地说："我也想不明白，为什么一些人就不理解，还要说难听话？"忽然，他用手捂住脸，哭了，泪水从粗糙的手指间淌落下来……

"雷锋车"穿梭在和田的大街小巷，载走了一位位怀抱婴儿的母亲、步履蹒跚的老人、行动不便的残疾人，留下了一声声对艾尼瓦尔道不尽的谢意和感激。

"他自己的日子也不好过，就这么一点点工资全都搭进去帮助别人了。"拉斯奎火电厂家属区的艾迈尔老人说。

老伙伴

　　30多年前的一天,身为全国电力系统老劳模的父亲对即将走上工作岗位的艾尼瓦尔说:"要一辈子都做脸上有光彩的事情,才是我的好儿子。"

　　1976年,艾尼瓦尔成为和田拉斯奎火电厂的一名汽车驾驶员开拉煤车。为了上班方便,多拉快跑,艾尼瓦尔·芒素买了一辆破旧的二手车,不仅每天都是第一个到岗,还能顺路拉上几位同事,最重要的是每个月他都能比别的司机多拉好几趟煤。

　　几年前,因为新疆关停并转小型火电厂,艾尼瓦尔一下子从繁忙的岗位闲了下来。

　　2007年的冬天,塔克拉玛干沙漠南缘的和田地区出现了少有的风雪严寒天气,不少群众遇上打车难的现象。此情此景,让有着安全驾驶30年经历的艾尼瓦尔萌生了一个想法:何不用那辆二手车免费拉送乘客呢?但当他真的招呼路边等车的人时,"不要钱"的呼唤换来的多是惊恐、疑惑和白眼。

　　后来他干脆在车上贴上党旗、"为人民服务"、"我是一名共产党员"、"十公里免费接送"等字样,并逐渐赢得了越来越多群众的信任和赞许。

　　"太感谢艾尼瓦尔了,我的胆囊炎病犯了,他带我去乌鲁木齐看病,之后又开车接我回和田，而这些都是免费的。"乘坐过艾尼瓦尔私家车的肉孜吐洪，仍然对4年前的事念念不忘。

但是，沉浸在帮助他人快乐之中的艾尼瓦尔迎来了妻子古丽娜尔的埋怨。他们刚把4个孩子养大成人，每月还要还1200元的房贷，日常生活很拮据，油费开支让古丽娜尔压力很大。渐渐地，乘车的人越来越多，"猜疑"也变成了"感谢"。而妻子古丽娜尔也开始默默支持。

其实，妻子古丽娜尔是艾尼瓦尔最感谢的人。"她心疼我，看我的车子太破，就把他们家留给她的乌鲁木齐的小院子卖了24万，拿出7万多给我买了这辆新车，让我继续帮助别人。"这位汉子的眼睛再次潮湿了。

艾尼瓦尔的家中陈设十分简陋，电视机是一台看了20年的老式熊猫电视机。但他也有贵重的东西，那就是车上的4个笔记本。在艾尼瓦尔的车里放着4个笔记本，上面写满了他曾帮助过的乘客发自内心的感谢留言。

一位乘客这样写道：伟大的共产党员艾尼瓦尔，冬日白雪皑皑的天气里，援送需要帮助的人。这种为人民服务的精神，值得我们每个人学习。

来自山东的彭辉写道：来自山东孔孟之乡，同样是共产党员的老兵向你致敬，这种事情很难得，却真实存在。我为和田有这样的人感到自豪，向艾尼瓦尔学习，多为人民做好事。

留言本上还有密密麻麻的维文留言，笔者虽无法解读，但一样感受到少数民族乘客对这名老党员沉甸甸的敬意。

乘客侯玉龙留言："艾尼瓦尔就像一个温暖的火炉，温暖了我们的心。"

乘客哈尼亚孜汗留言："好人一生平安。"

乘客刘艳琳留言："从艾伯伯身上我感受到了共产党员的崇高品质。"

一家人

北京援疆干部留言："雪太大了，太感动了。"

拉斯奎火电厂职工孙江朝说："艾师傅现在免费送人做好事不奇怪，以前他在开厂班车时，就经常帮助沿线的出行不便的群众。"

在新疆门户网站天山网、新疆网、亚心网、中国电力网、西安论坛生活新闻频道等各大网站上，有关艾尼瓦尔·芒素的点击率迅速上升。

爱心如颗颗种子，只要有人播撒，就能在更多人的心田生根发芽。

和田电力公司专门成立了员工的"爱心服务队"，公司还给予了艾尼瓦尔应得的嘉奖。公司党委书记李惠秋说，艾尼瓦尔·芒素是公司也是和田市的一面旗帜。

如今，虽然还有不理解的目光，但艾尼瓦尔毫不在意，他大方地亮出党员的身份，磊落地帮助着每一个需要帮助的人。熟悉他的人说，"他做的好事像天上的星星一样多"，而艾尼瓦尔·芒素只是淡淡地说，自己只是"开一辆小小的车，做了一件小小的事"。

网友崔冰撰文《向"私车公用大叔"——艾尼瓦尔·芒素致敬》，他写道：作为一名基层普通党员，艾尼瓦尔大叔以自己的乐善好施、尽其所能、奉献爱心的实际行动，展示了新时代共产党员的先锋风采。他还写道，社会文明水准提升需要更多像艾尼瓦尔大叔精神那样的激励，构建和谐社会也需要更多像艾尼瓦尔大叔的精神楷模的感召。

在全社会掀起向艾尼瓦尔·芒素学习的同时，和田电力公司也通过召开报告会等形式号召公司全体员工向艾尼瓦尔·芒素学习。艾尼瓦尔·芒素说："戴着这枚党徽，就不会忘记共产党员的使命。群众有困难，我一定要帮！"

不论春夏秋冬，晴天雨天，他都利用休息时间驾驶自己的私家车免费接送路人，这一做就是4年，截至2013年4月，他接送了近9000名路人，光是油费就花了几万元。

从1995年入党的那天起，艾尼瓦尔就将党徽戴在了胸口，这一戴就是17年。

为了便于服务更多的群众，艾尼瓦尔印制了600张"党员便民服务卡"，卡片成了群众的抢手货，关键时刻还发挥了重要作用。

2011年10月23日，在东北做生意的买买提驾车途经甘肃瓜州时，遭遇车祸，儿子当场死亡，搭车人受重伤。但一辆殡葬车将遗体送到和田要3万元的费用，经济拮据的买买提想到了艾尼瓦尔的便民服务卡。凌晨3时，艾尼瓦尔被电话铃吵醒了，他没有犹豫，开着自己的新车和弟弟连续行车2300多公里赶到甘肃瓜州。看到素不相识的"亲人"，买买提抱着艾尼瓦尔大哭了起来。

艾尼瓦尔将遗体运回和田，帮买买提处理了儿子的后事后，又赶赴瓜州将受伤的人员拉回和田。

"出了车祸后，我都快绝望了。是艾尼瓦尔在我最困难的时候伸出了援助之手。"买买提激动地说。

艾尼瓦尔说："我是一个共产党员，群众有困难了，我一定要帮忙。"

在艾尼瓦尔的心中有一个梦想，就是要做像雷锋一样的人。在免费接送乘客之前，艾尼瓦尔已经默默无闻地做好事许多年。

墨玉县萨依巴格乡卡鲁克村的老人阿不都拉·艾沙一直对艾尼瓦尔·芒素心存感激，老人含泪诉说了30年来艾尼瓦尔·芒素帮助他的故事。

1982年夏天，艾尼瓦尔·芒素拉煤路过阿不都拉·艾沙家想要点水喝，阿不都拉·艾沙端来西瓜招待了他。当看到阿不都拉·艾沙家一贫如洗时，他默默许下诺言，要尽其所能帮助这位农民大哥。

从那以后，每年春天，他都要给阿不都拉·艾沙送去5袋面、两桶油；入冬前，不忘给阿不都拉·艾沙送两吨煤，30年来从未间断过。记者粗算了一下，按照市价，光是煤、面和油，少说也花了近两万元。

"30年过去了，我已经65岁了，他就像亲弟弟一样照顾我，真是好人啊……"阿不都拉·艾沙说着忍不住热泪纵横。

艾尼瓦尔·芒素还将和田市肖尔巴格乡孤寡老人肉孜阿吉视为亲人，一照顾就是10年，直到老人去世。

艾尼瓦尔始终坚信，只要人人都奉献一点爱，世界将变成美好的人间。

榜样的力量是无穷的。在爸爸的影响下，艾尼瓦尔·芒素在乌鲁木齐人民医院当护士的女儿每天坚持为病人洗脚按摩。艾尼瓦尔·芒素的弟弟吐逊江·芒素在和田市城管局环卫处工作，也买了一辆车，也将电话等信息印在便民服务卡上，当大哥忙不过来或需要休息时，他就开车接送困难群众。去年年底的一天晚上，正在熟睡的吐逊江·芒素接到哥哥电话，说一位大爷病了需要去医院。他赶到大爷家时，发现大爷心脏病犯了，家里没有其他人，他立即拨打了120急救电话，掏了200元救护车费，将大爷及时送到医院。2010年，吐逊江·芒素被授予"自治区劳动模范"荣誉称号，还被邀请到北京参观天安门广场。今年，他写了入党申请书，立志要当像大哥一样的共产党人。

一个人的行动，变成了一群人的行动。"拉斯奎火电厂沿线交通不方便。现在有不少有车的人，像艾师傅一样顺路拉人。"和田电力公司职工孙江朝说。

艾尼瓦尔·芒素，他的故事让人想起悄悄绽放、默默播撒沁人之香的沙枣花……

公平和正义是我的誓言
——原新疆石河子市检察院监所检察科检察官张飚

■ 张 飚

张飚是新疆石河子市人民检察院一名普通的退休检察官。因 2013 年为张高平叔侄冤案"平反"后，被公众所关注，随后一系列荣誉接踵而来。或许有人会说张飚出名就是因为张氏叔侄案，如果没有此案或许他还是一位不被大家所熟知的普通人。但其出名并不是偶然，张飚爱岗敬业，认认真真一辈子，工作执著、坚韧，在执法过程中发现问题能一追到底。或许正是一辈子的认真、执著成就了他，用他的善良之举托起了正义的天平。

监所检察干警受理在押人员申诉是一项日常工作，有的干警对待申诉往往是按照程序将材料一转了之。而张飚却不是这样，他高度重视在押人员的举报和申诉，发现有疑点和错案可能的，他都依法依程序审查办理，并持续跟踪关注，绝不是不关痛痒甚至麻木不仁地一转了之。他说"有申诉咱就得当回事"、"再难也要查个水落石出"、"维护公正是我的职责所在"。这种职业忠诚和职责坚守集中体现在张高平、张辉叔侄涉嫌强奸致人死亡的申诉案中。

张飚最早见到张高平是在 2007 年。而说起这段故事，时光要回到 2003 年。

2003 年 5 月 18 号晚上，张高平和侄子张辉开着大货车从安徽歙县去上海送货，顺路将一个搭顺风车的女孩子送到了杭州，几天后，叔侄俩再次经过杭州时被当地警方带走，说那个曾经搭过他们车的女孩子被人奸杀了，而警方锁定的犯罪嫌疑人就是他们俩！这对张高平和侄子张辉来说真是晴天霹雳，祸从天降。

一年后，张高平叔侄因为这起强奸杀人案分别被判处有期徒刑15年和死缓，并先后送到新疆服刑。张高平没想到，一趟车开出家门再回来时居然用了10年，而10年之后，让他们走出牢狱之门的竟然是一名快要退休的中国最基层的检察官。

今年63岁的张飚，从事检察工作31年，退休前的10年一直都是一名石河子监狱的驻监检察官，主要工作就是审查服刑人员的减刑、了解服刑人员的诉求、生活状况及劳动设施安全。2007年7月一次前往监狱的例行巡检中，正在服刑的张高平引起了张飚的注意。张飚回忆说："当时见到他，就是一个不认罪的感觉。他坐在凳子上一开口就说：'检察官我是被冤枉的，我不是罪犯，我没有杀人，是有人陷害我。'说着说着眼泪就止不住地往下流，非常痛苦。"

在监狱里，500个犯人中顶多有一两个喊冤的，但张高平极度痛苦却又桀骜不驯的样子深深地印在了他的脑海里。因此，每一次到监狱里巡回检察，当张高平提出要见一见这个面相威严语气中却透露着温和的检察官时，张飚都会爽快地答应。

张高平一直在喊冤，他说他在认罪口供上签下自己的名字是因为遭到了七天七夜的刑讯逼供。张高平的反复哭诉，让张飚下定决心——打开张高平叔侄的判决书。经过反复比对，张飚发现，判决书列举的26条证据中，14条是关于死者位置、衣着、死因、遗物等物品的描述以及行程、通讯等情况的证明，9条是关于张高平叔侄户籍背景、抓捕情况、指认现场、货车及侦查实验等相关阐述，还有3条证据，其一是杭州警方说从未对张氏叔侄进行过刑讯逼供的证明；其二是同监舍被关押的一个叫袁连芳的犯人，证明多次听到过张辉说他奸杀了死者；其三，也是最直接的，张高平叔侄的口供，他们承认，将受害人奸杀。就是这份判决书，让张飚逐渐嗅出了异样。

张飚说："法律就是不轻信口供，而是重证据。尤其是张高平这个案件上有很多的客观证据没有被当地公安机关采用或者是调取。比如，进入杭州收费站和出杭州时收费站

石河子兵团丰碑

就有记录,我们当地公安机关没调取。第二,这个车进入杭州时候沿途有监控探头录像也没调取。第三个,张高平说他'抛尸'的地方就有监控探头,为什么不调取录像?"

这是一起没有直接物证和人证的奸杀案!简单得不能再简单,而结果却让人匪夷所思。

正如张飚所说,突破就在2008年。2008年,《民主与法制》杂志的一篇报道引起了张飚的注意,这篇报道中提到:河南发生了一起灭门案,被告人马廷新在关押期间,曾经有一个叫"袁连芳"的同监舍犯人向法庭作证说,看到马廷新写下认罪的"自首书",而后来,经查这个袁连芳向法庭提供了伪证,最终因为证据不足等原因,马廷新被无罪释放。看到河南命案中提及的"袁连芳",张飚禁不住倒吸一口凉气,因为,张高平叔侄强奸案中提到的证人也叫"袁连芳"。曾经和张飚一起办案的石河子市检察院监所检察科科长魏钢回忆说:"发现袁连芳这件事以后,张飚那时候就拿着东西过来给我们讲,他说,你看这多奇怪的一件事?就是说,'袁连芳'这个名字,他会不会是同一个人?如果是同一个人的话,你这个'袁连芳'至少是有多次作假证的可能性啊,就是说他在那个案子上作了假证,在这个案子上他作的证也不见得就是真的。到底有没有'袁连芳',这'袁

111

连芳'是不是一个人？当时张飚特别激动，连着好几次来问，到底怎么弄？"

仅凭一份判决书，重新调查、取证和申诉的过程困难重重，让张飚自己也没有想到的是，这个过程前后竟然长达5年的时间，而在此期间，最困难的一次调查要属向河南浚县司法机关请求协查"河南命案"中伪证人"袁连芳"的身份信息。结果发函过去，等了将近两三个月的时间，迟迟不回函。后来张飚就打电话过去了，一打电话，对方就说："张检，实在对不起，你反映的问题，太重大了，它涉及面太广了，已超出了我们的工作范围了，我们无法给你答复。"然后电话就挂了。

张飚清楚，发函调查受到阻力，他一再打电话恳请协助调查。陕西人身上那种与生俱来的耿直让对方终于答应了协助调查，河南省浚县检察院在帮助协查过程中，确认了河南命案中的袁连芳和张高平叔侄强奸案中的证人袁连芳就是同一个人，而后来，张高平叔侄案经浙江省高级人民法院重审时查证：袁连芳和张辉一起关押期间，曾用殴打等方式逼迫张辉承认自己强奸并杀害了死者，为了立功减刑，袁连芳甚至在法庭上提供伪证，说自己多次听到张辉亲口说奸杀了人。负责协查袁连芳身份的河南省浚县检察院监所监察科科长田平说："张飚检察官在这个张高平叔侄错案纠正上，有一种非常强大得责任感，非常令我敬佩。特别是在联系查证、协查过程中，多次联系，不放过每一个细节，最后就是要追求实事求是的一个结果，弄清这个事情的来龙去脉。"

2010年，张飚将袁连芳这个关键证人的身份证明等大量证据和张高平的申诉材料重新整理，连同谈话笔录寄往浙江省司法机关，请求对这个疑点重重的案件启动重审。之后，张飚又多次反复跟张高平核实案件细节，甚至在一次谈话中为了多争取点时间，他还主动要求留在监狱，跟服刑人员一起吃午饭。

张飚不知道，就是这个在他看来很平常的举动深深地打动了张高平。张高平回回说起来，都会掉泪。他说当时张飚打一份"劳改"饭菜，一点油都没有的粉丝，让人感动得流泪了。

打动张高平的还远不止此,在调查这起案件的五年时间里,张飚一直鼓励他和他的家人:"相信法律,不要放弃。"张高平的哥哥张高发说:"他从2008年开始鼓励我,他还打电话跟我讲,你一定要坚持不断地申诉,我弟弟也给我打电话写信来说,他遇到一个好检察官了。我们一家人真的不会忘记他的!"

在张飚的一再鼓励下,张高平和家人按照正常的司法程序,不断提交申诉,张飚也不断地将张高平的申诉材料寄往浙江省司法机关,并多次写信温和地提醒对方予以重视。

等待是非常熬人的。时间到了2010年,张飚快要退休了,即将脱下心爱的检察官制服,即将告别工作了30多年的检察官岗位,张飚有着太多的不舍,这不舍中包括没有结论的"张高平叔侄强奸案",这如同郁结在他心头的一片雾霾,怎么也挥之不去。

于是,一辈子恪守"组织程序"的张飚鼓足勇气,第一次以个人名义给浙江省检察院检察长陈云龙写了一封信:"还有一年我就要退休了,退休之前我想说个事,就是张高平这个案件,存在非常多的疑点,希望能够引起你们的重视。"

2011年9月25号,张飚退休了。在这之前,他再一次将张高平案的全部调查资料装订好,郑重地交到年轻的监所检察科科长魏钢的手上。

就在退休前,张飚又专门去了一次张高平所在的监狱。退休后的日子里,张飚依然关注着张高平的案件,每到夜晚,想起张高平被刑讯逼供、屈打成招的情形,张飚怎么都无法入睡,因为,被人冤枉的滋味他也曾经尝到过,他说自己七八岁,被人误会偷西红柿,至今那种痛苦的感觉都不能忘怀,联想到张高平的这个案件,又体会到了被冤枉的感觉,这种痛苦是无法掩饰的。

2013年3月28号,浙江省歙县徽城镇七川村,清脆而猛烈的鞭炮声从村头响到村尾,鲜红刺眼的鞭炮碎屑落了整整一里地。当村里的男女老少听到鞭炮声走出家门时,迎面走来的是让他们熟悉却又陌生的张高平和张辉。就在两天前，人们通过电视看到了浙江省高级人民法院对"张高平叔侄强奸案"的再审公开宣判：法庭认为，原判定罪时，杭州市公安机关在侦查过程中使用证据不恰当，用违法的方式搜集证据，而该案被害人身上提取的DNA物证，与2005年杀害浙江大学城市学院女生吴晶晶的出租车司机勾海峰相吻合。因此，法庭宣布，撤销原审判决，宣告张高平、张辉无罪释放！

此时，远在4000公里外的张飚比七川村的人更早知道张高平叔侄被无罪释放的消息，他流着泪笑了。为了这一刻，张高平叔侄等待了整整10年，耗去了全部的青春和梦想，而对张飚，这一刻，仿佛他才是那个被冤了10年，终于走出牢房的犯人。

2013年11月20号，"寻找最美检察官"活动在北京揭晓，张飚荣获"十大最美检察官"称号；2013年12月5号，"法治的力量——CCTV2013年度法治人物颁奖典礼"上，张飚当选年度十大法治人物；2013年12月6号，最高人民检察院、自治区党委在乌鲁木齐联合召开表彰大会，分别授予张飚全国"模范检察官"、自治区"优秀共产党员"荣誉称号。

在基层检察官岗位上工作了31年，张飚审查减刑、假释人员7681人，没有出现过一次差错，也没有遭到一人举报；在监所科的10年里，张飚为16名服刑人员转办申诉材料，依法为4名服刑人员纠正刑期错误。有的服刑人员亲属为了给自己的亲人减刑，想方设法接近张飚，却没有一个人请得了张飚吃顿"人情饭"……关于张飚的许多事，人们更多的是在媒体深挖之后才得知。

面对花甲之年才纷纷而来的荣誉，张飚显得有些不适应，他反复说，希望大家的关注不要仅仅停留在他一个人身上。他说，公平和正义永远不会退休。

踌躇满志自强奋斗携残友圆梦想

——喀什残友科技有限公司董事长刘勇

■ 刘勇

现年40岁的刘勇靠钢筋支撑起柔弱的身体，是中华残疾人服务网、深圳市残友集团股份有限公司、喀什残友科技有限公司创始人之一，残友事业的开拓者，现为深圳残友集团副董事长、喀什残友集团董事长。为促进残疾人事业和社会公益事业的开拓发展，刘勇将其残友集团及下属子公司的股权分红全部捐给慈善基金会，历年来累计捐款达500万元。

小时候，一次意外，刘勇摔成了残疾。一个偶然的机会，刘勇认识了有同样遭遇的残疾人郑卫宁，成了无话不说的好朋友。郑卫宁的母亲，生前给他留了30万元的积蓄，他俩经过一番周折，申请开办了一家网吧。起初，他们给别人做网络编程，一次收费几百元到几千元不等。赚得最多的一次，是给客户做了一个编程，赚了2万元。不到一年时间，残疾人开办网吧并赚钱的消息不胫而走，许多残疾人朋友慕名而来，希望能加入到他们的团队当中。

慢慢地，他们将业务扩展至系统集成、文化设计、电子商务、物联网等领域，并成立了公司。到了2009年，公司已经很快发展成了包括软件、动漫、呼叫中心、电子产品组装、精工制造等在内的产业集团。10年来，深圳市残友集团股份有限公司（简称深圳残友集团）依托高科技，大规模地解决弱势群体就业，解决了包括残疾人在内的3000多人的就业。

跟随深圳市援助喀什的步伐，深圳残友集团在新疆创办了喀什残友科技有限公司。刘勇作为集团的副董事长，第一次来到新疆，也爱上了新疆。因为他觉得，新疆人淳朴、简单、真诚，虽然和维吾尔族人在语言交流上还不顺畅，但他相信，眼神就足够了。

刘勇和其他4名残疾人，放弃了深圳的优越条件，在喀什市郊，用了10天时间把一处闲置了两年的大院收拾出来，购置了设备，开始招聘残疾学员。

招聘会上，他面对众多残疾孩子和他们的家长，说起自己的经历："我们都是残疾人，不管是汉族、维吾尔族，都是兄弟姐妹。我也只是初中毕业，现在却获得世界电脑网页设计大奖，成了集团副董事长，有了幸福的家庭。""现在我通过自己的努力、通过残友这个平台，希望让我们维吾尔族的残疾朋友能够像我一样自立自强，实现自我价值，我们的口号是：越是残疾，越要美丽。"刘勇的话打动了他们，68名维吾尔族残疾学员招满了。

残友们在这里静下心，学习汉语、电子商务、摄影、图像处理，还有"非遗"手艺。后来还在深圳某超市开设了首个专卖残障人士手工艺品的"爱心柜台"。慢慢地，他们对生活有了信心，找到了自我价值。

维吾尔族残友阿吉，一只眼睛看不见，经常和家人冷战。到了公司后，学习了汉英双语、电脑操作技能及电子商务等各种技能。后来，还当上了公司后勤部部长，负责住宿、食堂、卫生等工作，他很快感到，自己和常人没什么不同。

达吾然江患有严重癫痫，学起电脑来却很快，很快当上了培训部长、技术总监。他制作的图片获得了深圳某知名婚纱影楼的认可，为公司拿到了60万元合同，让他那张经常有些忧郁的脸，从此挂上笑容。

在刘勇眼里，"喀什残友"看似公司，实际上更是一座学校，一个家庭。残友们学到的是知识，而他更多收获的是家庭的温暖，每次到维吾尔族学员家，那香喷喷的手抓肉，各种自制的馓子、油果等美味食物，让刘勇心里热乎乎的，好像回到了自己温暖的家。

踌躇满志自强奋斗携残友圆梦想

刘勇和公司员工在一起

刘勇喜欢这样的感觉,他的微博名叫"刘勇在喀什",上面有很多新疆乃至全国残友,他每天更新信息,时刻关注着每位残友的生活、思想,随时将信心和勇气送上。

他为所有人竖起一面镜子,他说,当我们面对肢体上的残疾人的时候,我们也应该看到,每个人都是有缺陷的,只不过有些缺陷是身体上的,有些缺陷是内心的、隐形的。

个头不足一米五,坐在轮椅上的刘勇,没有因为身体的缺陷而自卑,他不自怜,没有退缩到自我的小小的世界里像大多数遭遇不幸的人那样抱怨生命的不公正,而是通过自己的努力,做出了成功的事业。他给我们带来正能量,也为所有人,特别是身体上有缺陷的人竖起了一面反观自己的镜子。

他的成功,首先来自强大的内心,不为残疾难过,不向残疾低头,其次是要有坚强的毅力,敢于付出、应对挑战。只有精神强大的人,才能一直坚持付出、面对挑战。

初来喀什开创残友事业的时候,有人对刘勇说:"您就当来喀什旅游一趟吧,不会有一个少数民族残疾青年到你们公司的。"刘勇不解,对方说,有三大障碍:语言不同,民族不同,文化不同。刘勇听后回答说:"你错了,我们至少有三点相同,都是残疾人,都有改变命运的渴望和决心,都是中国人,我相信我们会做得很好!"

刘勇开创的喀什残友是一个社会型企业,但总被人误认为是一所残疾人就业培训学

117

校。其实，喀什残友并不是以岗位来招人，而是把人招来后培养成才，再根据其所学所长设定适合他们的岗位。例如，学电脑的残友可以做互联网、网络工程，爱好影像的可以做影视和平面设计，如果对这些不感兴趣的可以学做非遗手工艺，轻度肢残的还可以在电脑电话前做电子商务的客服。

一开始，刘勇对学员的情况不了解，于是决定每周进行家访，向家长了解情况。每次他都要走很远的路，一路颠簸，才来到学员家中，家长们非常感动，都说从没想过公司领导会来他们家里了解情况。与学员的家人沟通时，刘勇发现他们的父母都有一个共同的心事：担心自己老去以后，孩子怎么办。刘勇以自身的经历鼓励他们，孩子将来也会活出尊严，实现人生价值的。学员的父母拉着刘勇的手说："孩子交给你，我们放心。"

记得有一次，喀什残友的一名学员过生日，当时很多商铺关门了，刘勇和义工朱锐找遍了整个喀什，终于敲开了一家蛋糕店，买了生日蛋糕。吃完饭后，当看见刘勇端出的蛋糕，那位学员感动得泪流满面，说这是他第一次过有蛋糕的生日会。大家围在一起，一遍一遍地唱着生日歌，所有人都感受到了这个大家庭的温暖。

在刘勇与少数民族兄弟姐妹一起生活工作的日子里，他已经深深地爱上了这片土地。2012年底，他被选为喀什市人大代表，作为一名共产党员，他更是时刻牢记自己的使命。也曾多次表态，要落户喀什，做一名新疆喀什人，长期扎根服务新疆，带领这里的维吾尔残疾青年一同奋斗。

刘勇在喀什开创公司后，残疾学员的学习、工作、生活食宿实现一体化，打造了无障碍条件齐备的温馨家园。通过商业实训带领着喀什残友从无到有、从小到大、从弱到强、不断发展壮大。

第一次招聘的时候，有位坐在轮椅上的小姑娘，她的名字叫克比努尔，由于家境不好，她母亲推着轮椅走了一个小时的路，把孩子送到这里，望孩子成才。看着那位母亲的眼神，

沙漠中有湖，湖中有芦苇

刘勇脑海里浮现了从前父亲每天接送自己的情景，忍不住眼泪流了下来。刘勇对自己说，一定要把这些孩子收下，并把他们培养成才，做一番事业。

喀什残友前期开展了两大就业项目（高科技就业和非遗传承）的实训，均可利用残友的全国就业网络，使沿海地区的市场、产品、服务和技术向喀什残友转移，使少数民族残友们不仅学习技能，也看到就业的前景。经过培训，如今的克比努尔已经是一名优秀的员工了。

目前，在喀什残友的少数民族残疾青年，根据不同年龄阶段及受教育程度，通过集中普及电脑知识，进行电脑理论知识学习、分批上机实训指导，开展系列课程并结合商业实战等一年的专业培训，喀什残友网络部可以开展信息化建设，目前已经完成了喀什市人大网站、德宏机械网站、喀什发展集团网站、粤丰家具网站、喀什文物局网站、喀什玉石行业协会网站、喀什早教网等网站的建设和运营维护；广告中心已经胜任平面修图、印刷、广告设计等多项业务，影视部能够熟练进行专业的摄影摄像和后期处理，已承接了喀什民政局、地区公安局、喀什消防大队等多家单位宣传片拍摄和喀什发展双子塔项目的跟踪拍摄。另外针对一些文化程度低的少数民族残疾兄弟姐妹，开展了缝纫和手工培训，并成立了制衣公司促进就业。

刘勇说："我自己本身就是残疾人，我深深理解这些孩子对成功、对事业的渴望。我们也竭尽全力地为这些孩子找到适合他们的工作。我希望他们能通过自己的劳动产生价值，受到社会的尊重。"

电子商务的形式非常适合残疾人就业，行动方便的人可以做库房整理、进货，行动不便的人可以做客服。因地制宜开发适合少数民族弱势群体特点的就业项目"残疾人非物质文化遗产传承"也是专门针对残疾人状况设计的，将非遗传承和残疾人就业两者结合，不仅创新了残疾人就业方式，而且也为保存非遗做出贡献。

"当你想成功的时候，全世界都会为你让路。"这是刘勇经常说的话。他深知残疾人的成长有多么不容易，他把残疾人事业作为终身使命。他用自己百折不挠的精神，激励更多的残疾青年像他一样，有一天能自豪地说出自己的奋斗经历，让他们的父母都能昂首挺胸，为自己的儿女自豪。

2013年8月22日，在新疆维吾尔自治区第三届道德模范颁奖典礼上，刘勇获得团结友爱奖。领奖时，刘勇说："拼搏多年，自己的梦想是实现了，但喀什残友集团的工友们还有一个梦想没有实现，那就是走出喀什去看看大海，去看看外面的世界。"

在他的倡导下，2013年9月中旬，两地三市（新疆喀什市、乌鲁木齐市，广东深圳市）包括新疆维吾尔自治区党委宣传部、新疆电视台、南方航空、深圳前方指挥部、深圳房地产信息网、红马甲公益金、残友集团等二十多家单位和企业、社工和志愿者等五百多人参与了此次活动的组织和服务，完成了10位喀什残友兄弟姐妹们的深圳看海之梦，感受祖国东部沿海发达地区现代化的都市氛围。

9月21日，在深圳金黄的沙滩上，来自新疆喀什的残友看海梦想终于实现了。在夕阳下，残友们欢呼着，他们抚摸着沙滩，任由海浪浸湿衣衫，一位残友离开轮椅，坐在沙滩上，用沙子给自己塑了一双腿，这一刻他们放飞了梦想……

踌躇满志自强奋斗携残友圆梦想

鲜花般美好的品质

为了更好地致力于边疆少数民族地区残疾人等弱势群体的培训、就业和发展，刘勇和他带领的团队先后成立了喀什残友就业发展中心、喀什残友职业技能培训学校、喀什市残友科技有限公司、喀什残友制衣有限公司，搭建分层次、多渠道的培训和就业服务发展平台，为喀什地区繁荣与稳定做出贡献，为深圳援疆铸就了一道亮丽的风景线。

12月初，冬日的暖阳照在位于喀什市色满乡的喀什残友公司小院中，由于停电，办公室有点寒冷。刘勇告诉记者，作为一家民非组织，残友在喀什已经发展出四大板块的服务内容：就业发展中心、科技网络公司、职业技能培训学校和制衣有限公司，目前就业人数有125人，其中少数民族的残疾朋友98人。另外，接受过残友培训的400多人选择外出就业和自主创业。最近虽然遇到了很多困难，但是为了残友，刘勇坚定地说："我要坚持下去。"

刘勇从最初找不到工作，到开办"中华残疾人服务网"、发展到拥有一个慈善基金、28家分公司，吸纳3000名残疾人就业的残友集团。2011年5月，刘勇随深圳援疆队伍来到喀什，并帮助68个只有初中文化水平的维吾尔族残疾孩子掌握了一技之长。2012年4月10日，刘勇荣获了第七届"中华慈善奖"之"最具爱心慈善楷模"。在新疆维吾尔自治区第三届道德模范颁奖典礼上，刘勇获得了团结友爱奖项。

位于喀什的《福乐智慧》作者玉素甫·哈斯·哈吉甫的陵墓

刘勇说:"我自己本身就是残疾人,这些去年还都是农村孩子,都是小学毕业的孩子,跟我们一起生活学习、工作,现在都可以通过自己的劳动产生自己的价值,而受到社会的尊重。"多年来,刘勇基金会累计向慈善机构捐款达 500 万元,刘勇还在喀什成立少数民族非物质文化遗产传承保护中心,刘勇本人也入选新疆"奋斗改变命运"典型人物。

农民喜爱的宣讲员苞谷馕部长
——新疆和田地区原宣传部副部长米吉提·巴克

米吉提·巴克

2011年12月29日，米吉提·巴克因病医治无效与世长辞，享年60岁。听到他去世消息的一刹那，大家心头一阵空落落的，悲伤从心头涌起，久久无语。那个幽默、乐观的他就这样走了？

和田市政协副主席阿不力米提大毛拉阿吉说："米吉提·巴克一生宣传共产党的路线方针和政策，一生做好事，是个地地道道的好人。他的去世，我们很悲痛！"

12月30日，早早从策勒赶来的阿布都喀地尔说："米吉提·巴克部长用幽默、风趣的语言给我们讲共产党的政策和老百姓关心的事情，使我们心里亮堂堂的。从他的宣讲中，我们感到共产党真好，社会主义真好。"

被和田群众尊称为"政策使者"、"当代阿凡提"、"苞谷馕部长"、"大个子老师"米吉提·巴克，在曾聆听过他宣讲的万余名群众的泪光中走了，永远地走了！

米吉提·巴克1951年出生于和田地区皮山县桑株乡。1978年，他以优异的成绩考入新疆大学中文系。1983年米吉提·巴克从新疆大学毕业时，完全可以分配到大城市工作，班上的同学都是这样的，但米吉提·巴克还是主动要求回到了家乡，就是想用自己所学的知识为群众服务。因为米吉提·巴克知道，和田地区的农牧民人口比重大，农牧民受教育程度低，文盲、半文盲多。给这些群众宣讲党的理论，只有把深奥的理论，变成农牧民群众看得见、摸得着的东西，让他们能坐下来、听进去，理论才有生命力。所以在常年的宣讲中，米吉提·巴克总结出了一套颇具个人特色的经验做法，那就是——"通俗化"，把理论的语言切换成农牧民群众的家常话，让大家都能听懂；"针对性"，回答农牧民群众最为关心、最想知道的问题，让大家产生兴趣；"贴近性"，从发生在农牧民群众自己身边的事情说起，让大家找到共鸣。

比如米吉提·巴克讲基础设施建设，不说投了多少资金，修了多少条路，增加了多少辆车，而是跟大家讲了个笑话："有一天，买买提在路边站着，脖子上落了个蚊子，他刚把手抬起来准备赶蚊子呢，没想到一排出租车就争先恐后地停在跟前了，还当他要'打的'呢。"

有人问米吉提·巴克为什么讲得这样生动，这要从米吉提·巴克的父亲说起。米吉提·巴克的父亲是位爱国宗教人士，并且当选为皮山县第一届人大代表。父亲从小就教育米吉提·巴克，只有共产党来了，和田的各族百姓才翻身得解放，过上好日子，他要米吉提·巴克好好学习，听党的话，跟党走。父亲和解放军的关系特别好。1962年对印自卫反击战时，就有解放军战士在米吉提·巴克家的果园中搭个帐篷借住。那年，米吉提·巴克才11岁，米吉提·巴克还记得解放军战士每天早晨起来把马路打扫得干干净净。农忙的时候，还帮老乡积肥、种麦子。米吉提·巴克的书包、铅笔、作业本都是解放军给的。在米吉提·巴克年幼的心中，解放军是世界上最好的人，他们和老百姓最亲。也是从解放军借给米吉提·巴克的书里，米吉提·巴克认识了江姐、高玉宝、吴运铎……这些共产党人的崇高形象，一直影响着鼓舞着米吉提·巴克。大学毕业时，自治区文联等多家单位想要他，而他却选择了回家乡工作。他对同学们说："我要用自己学到的知识，为和田的父老乡亲们做点事情。"

参加工作以来，他始终在宣传、文化部门工作。从1998年3月至今，他一直担任和田地委宣传部副部长、和田地区文联主席，并兼任了近10年的讲师团团长。

农民喜爱的宣讲员苞谷馕部长

摆地摊的老人

爱读书，勤动脑，多动手，是米吉提·巴克一贯的作风。为了提高自己的宣讲水平，米吉提·巴克购买了大量有关党史、党的理论以及新疆历史、新疆民族发展史、宗教演变史的书籍。只要一有时间，他就坐下来静心研读。如今，他购买的1000多册书籍已占了家里整整一间屋子。

二十世纪八九十年代，非法宗教活动一度有所抬头。面对严峻局面，米吉提·巴克频繁地出入学校、机关、乡镇，讲科学技术发展、讲人类文明进步的成果，大力宣传党的宗教政策。

和田是新疆最偏远的地区之一，受历史、地理、自然等多重因素的影响，生产生活条件艰苦，老百姓至今还不富裕，农牧民受教育程度低。在这里，开展宣传思想工作，具有格外重要的意义。

土生土长的米吉提·巴克明白：只有把深奥的理论，变成农牧民群众听得懂的话，让他们坐得住、听得进去，才能起作用。

在新疆和田，当地群众喜欢吃一种用玉米面做的馕，叫"苞谷馕"。这种馕，外表粗糙，其貌不扬，但营养价值高，颇受人们的喜爱。米吉提·巴克的宣讲中，语言生动，普世贴近，群众听得进，记得住。于是，大家都亲切地称呼米吉提·巴克是"苞谷馕部长"。

宣传党的改革开放政策好，他就从自己说起："我结婚的时候，一个花头巾、两米布就把媳妇娶进了门。那时候生活苦啊，肚子都吃不饱。十一届三中全会以后，土地分给了大伙儿，政府引导咱种棉花、种果树、养羊、养牛，搞多种经营，日子越来越好了。现在娶个媳妇，最少也得花个万儿八千吧？要不，谁家丫头跟你过呢。"

鼓励大家要有市场经济意识，他说："市场上买个没有加工过的羊肺子，花3块钱就够了。你把这羊肺子拿回家灌成面肺子，再做熟，可就能卖到15块钱了。"

讲反分裂斗争，他形象地比喻："谁家地里的核桃树上要是落了一只乌鸦，一天到晚

农民喜爱的宣讲员苞谷馕部长

和田巴扎

呱呱乱叫,那他一定会让儿子去把那不吉利的东西赶跑。民族分裂分子,也像乌鸦一样,冲着我们今天的好日子乱喊乱叫,发出难听的杂音、噪音。如果不和他们斗争,我们就没有安安稳稳的幸福生活可过。"

有一次,米吉提·巴克到洛浦县多鲁乡宣讲。在宣讲中他用大量生动鲜活的事实,驳斥反动宣传,大家听得津津有味,精彩处热烈鼓掌。这时,坐在后面的3个农民站起来,指着两个人说:"你们给我们说的事情怎么和米吉提老师讲的不一样?米吉提老师讲的是对的,是你们在骗人,胡说八道。"这话引起在场听众的共鸣,大家纷纷谴责那两个散布谣言的人。

在和田地区,许多农牧民把米吉提·巴克叫作"我们的阿凡提"。无论他走到哪里,都像机智幽默的阿凡提一样深受大伙儿的喜爱和欢迎。每当听说米吉提·巴克来了,群众的第一反应是:"大个子老师"又给我们带来好消息了。

洛浦县拜什托乎拉格乡65岁的维吾尔族村民布合里其汗说:"我听米吉提·巴克讲过5次课,记住了3句话:一是坚持四项基本原则不动摇;二是高举中国特色社会主义伟大旗帜;三是落实科学发展观,以人为本。明白了3个理儿:共产党好,社会主义好,

127

民族团结好。"

有人说，农民不喜欢开会，灌输教育已完全过时。米吉提·巴克却说："农牧民群众非常渴望了解党的方针政策，只不过他们不喜欢听照本宣科的大道理、大口号。""理论只有走近百姓，贴近群众，为群众服务，才有生命力。""如果是打官腔，说官话，那你的宣讲注定是要失败的。"

1995年，结合自己宣讲的内容和心得，米吉提·巴克主持编写了一本《无神论讲座》，印了2万份，分发到和田地区教育系统和各级机关，成为对干部和中小学生进行无神论教育的实用教材。

米吉提·巴克还常常给宗教人士讲课。他知识渊博，语言通俗，把新疆几千年的历史和民族发展史、宗教演变史讲得明明白白。宗教人士们怀着敬意管他叫"地委的大毛拉（毛拉是宗教用语，意为学识渊博的人）"。

28年里，米吉提·巴克记下了近200万字的学习笔记，起草的宣讲提纲摞起来有半米多高。他还编写了10多部理论书籍。

《民众必读》这本小册子，是1999年米吉提·巴克主持编写的。发行量达到46万册。这本书言简意赅、深入浅出地讲新疆的历史，讲和田的变化，揭批民族分裂分子的反动面目，宣传"三个离不开"、"四个认同"、马克思主义"五观"。里面讲的内容，随便问个农牧民都能给你说出几条。在与"三股势力"争夺思想阵地的斗争中，这本小册子发挥了大作用。

多年的奔波，超负荷的工作，使米吉提·巴克患上了高血压、糖尿病等疾病。但他从没耽误过一次宣讲。

一天，他在于田县栏杆乡一口气讲了两个半小时，精彩的宣讲博得乡亲们经久不息的掌声。结束时，他想站起来给大家鞠个躬。就在起身的一刹那，他两眼一黑，整个人

农民喜爱的宣讲员苞谷馕部长

在自家门前卖馕

129

直挺挺地倒在水泥地面上。过了好一会儿，他才苏醒过来。

2007年，米吉提·巴克的病情更加严重，和田地区医院已无法医治，他却仍然坚持在宣讲第一线。地委领导知道情况后下了死命令：马上转院到乌鲁木齐治疗。专家诊断后无奈地告诉他：你得来太晚了，看来只能截肢了，否则有生命危险。他拉着医生的手恳求："大夫，我是宣传干部，我不能没有脚，还要靠它们走遍千家万户，去传达党的声音呢，只要我活一天，就要一直讲下去……"医生们感动了，他们求助国内顶级专家，实施了保守疗法。米吉提·巴克以顽强的毅力配合治疗。他终于又回到了讲台前。

6月30日下午，记者在医院见到正等待第二天做青光眼手术的米吉提·巴克。他说："明天是7月1日党的生日，我的左眼就要动手术、重见光明了。我要赶快恢复，还有好多工作等着我去做呢。"

和田地委宣传部副部长梁家军说："自米部长今年被评为全国第三届道德模范提名奖后，他一直没有闲着。除了下基层宣讲，负责编辑各种宣讲读本外，由他负责的《新玉》文学期刊每期的审读也一直在做。他很忙，没有闲的时候，让人佩服。"

有人给米吉提·巴克统计过一些数字：28年来，他走遍了和田地区7县1市86个乡镇1383个村庄，每年平均宣讲100多场次，累计听众近70万人次。28年，他记下了近200万字的学习笔记，起草了近50万字、1尺多高的宣讲提纲，编写了《民众必读》、《无神论教育读本》等10多部理论著作。2010年，米吉提·巴克被中宣部授予"全国基层理论宣讲先进个人"称号。

别人不知道，看米吉提·巴克魁梧高大，以为他是铁打的硬汉。其实米吉提·巴克身患青光眼、高血压、糖尿病等多种疾病，特别是因为糖尿病并发症的影响，多年来，米吉提·巴克腿脚水肿、溃烂，几乎到了要截肢的地步。当医生告诉米吉提·巴克消息后，他坚定地回答说："不能锯！我身上最重要的就是嘴和腿，党交给我的使命要靠它们完成，我哪怕什么都没有也不能没有它们。"

尽管身体状况如此，米吉提·巴克却没有耽误过一次宣讲。相反，因为群众喜欢米吉提·巴克，主动来邀请他去宣讲的单位络绎不绝。对此，他都是乐呵呵地答应，开开心心地去讲，从不曾拒绝过。

不管春夏秋冬，还是严寒酷暑，他头戴一顶礼帽，手提一个小包，面带微笑，行走于田间地边和村头巷尾，传播党的路线方针政策和创新理论。他不论到哪里宣讲，十里八乡的群众都会扶老携幼、成群结队赶到现场，聆听宣讲。他以苞谷馕式的通俗语言进行宣讲，赢得了干部群众对党的创新理论的理解。

如今虽然米吉提·巴克永远离开了我们，但是他鲜活的语言还响在我们的耳边，他乐观的心态还激励着我们，他爱疆的情怀还感染着我们，他给群众进行宣讲的思想和力量源泉仍是我们的心灵财富！

老人9年拾荒还债，坚毅诚信感动中国
——乌鲁木齐市达丰社区吴兰玉

吴兰玉

初春的阳光暖暖地撒向大地。在建工师二钢达丰社区里，吃完早饭的老人们三三两两地散着步，享受着春日的阳光。一个头发稀疏花白，身材瘦小的老人，左手提着个大塑料袋，不停地弯腰捡拾起行人丢弃的塑料水瓶。她就是74岁的达丰社区居民吴兰玉。

26岁时，吴兰玉跟着表姐来到了乌鲁木齐，和比自己大9岁的李升燃结了婚。李升燃是原兵团第二钢铁厂职工。婚后，两人生活非常甜蜜，两个儿子相继出生。吴兰玉在照顾家里的同时，也抽空打点零工，补贴家用。

1990年，26岁的大儿子李培川查出患有尿毒症！知道孩子的病情，有人劝吴兰玉不要医治了，但夫妇二人决定再难也要救孩子。老邻居樊夯成说，为了凑手术费，李升燃生病也不请病假，坚持上班，只为挣一份全额工资。而吴兰玉则在陪护儿子的间隙，出去打零工、捡废品，一元钱一元钱地给长子积攒手术费。

1995年初，丈夫李升燃因患高血压、肝癌等多种疾病一病不起。仅过了3个月，生命就走到了尽头。

"丈夫是家里的顶梁柱，他不在了，我不能倒啊。孩子还在生病，还在等我凑钱做手术……"面对丈夫的辞世，吴兰玉把所有的重担扛在自己肩头。

那时候的吴兰玉常常以泪洗面，周围的邻居都劝她放弃对儿子的治疗，但看着一天天憔悴的儿子，吴兰玉下定决心要全力挽救儿子的生命。她四处借钱，为儿子筹集手术

老人9年拾荒还债，坚毅诚信感动中国

夕阳下的乌鲁木齐

费用，儿子在七道湾医院住院期间，吴兰玉的老伴也因病卧床，生活无法自理。

吴兰玉每天都往返在医院和家里之间，照顾两个病人的饮食起居。为了节省公交车费和往返在路途上的时间，吴兰玉买了一辆自行车。但是，在这之前她没有骑过自行车。在医院和家里的那段路上，她不清楚自己摔倒了多少次。"当时，也已经不知道摔下去是什么滋味了。"吴兰玉抹着眼角的泪水说，很多次，她来不及为摔伤的伤口止血又跨上了自行车。她要抓紧每分钟去挽救至亲至爱的人，她没有办法停下来。

1996年，吴兰玉在乌鲁木齐市一家医院终于找到了适合的肾源。为给长子李培川做肾移植手术，吴兰玉倾尽所有，又向10多个熟人和朋友借了5.4万元。尽管手术很成功，然而，1999年8月，儿子因多种脏器功能衰竭停止呼吸，最终还是走了，留给吴兰玉的只有巨额欠款。

吴兰玉告诉记者，给儿子治病总共花去了17万余元，除了家里的积蓄外，还借了亲戚朋友5万多元。虽然做了换肾手术，也转了几家医院治疗，但最终儿子还是被病魔夺走了生命，儿子去世的时候老伴也因肝癌放弃治疗去世3年多了。

丈夫和儿子相继去世后，吴兰玉曾一度陷入绝望，对生活失去了信心。一位朋友的话惊醒了沉浸在绝望中的她："你不能这样，那些借钱给你的人日子也不宽裕，难道你不管他们了吗？"

"是啊，那些借钱给我的人怎么办？他们在我最困难的时候帮助了我，给了我希望和坚强，我不能这样，这样下去只会让别人觉得我很自私。"忠厚、坚强的吴兰玉想起了那

133

些给自己借钱的亲戚、朋友。她暗暗地在心底给了所有债主一个承诺：一定要在有生之年还完欠下的5万多元外债。她把欠下的账清晰地记在了自己的心里，一直这么牢牢记着。

吴兰玉有一个小本，上面记着所有借款人的名字和借款金额。她算着平均每个月捡500元的废品，熬个八九年就能还清了。

从1999年儿子去世后的9年时间里，吴兰玉用捡拾废品的钱和最低生活保障金，还了近5万元的外债，谱写了一曲感人至深的诚信之曲。

从1999年9月起，每天，吴兰玉总是在第一缕晨曦中出门，直到天黑才回家。饿了，她就坐在路边吃从家里带的馒头。渴了，她喝自带的水，每天捡十几个小时的废品，风雨无阻，从未间断。

除了捡矿泉水瓶子和废纸外，夏天吴兰玉还经常去社区后面的山上捡废钢渣。因为山体滑坡，很多钢渣被埋在地里。吴兰玉就带上工具，有时候要挖1米多深的土坑。那时候她只想着赶紧挣钱还债，从没考虑过自己的身体。在下山的路上，她总要估摸着当天捡到钢渣的重量，然后按市场价格计算自己的收入，盘算着再需要多少天又可以还上一笔欠款。为了多卖些钱，下山后，她用自行车把废钢渣驮到距离社区几公里外的一个废品收购站，因为那里的收购价高一点。吴兰玉告诉记者，仅去年下半年，她就捡了1吨多钢渣。9年来，她总共捡了十几吨钢渣。去年靠卖钢渣她还了5000多元的外债，前几年每年最多也只能还4000元。

吴兰玉告诉记者，去年她在捡废品的时候，常因头晕跌倒在路边。去医院检查后才得知自己患上了中度脑血栓。为了省钱还债，她没有买过一片药。

65岁起吴兰玉就从未睡过懒觉，每天不吃早饭就出门捡垃圾。刚开始她还不好意思，怕被认识的人看到。可有一天，借给她钱的其中的一个朋友老找她，她意识到朋友遇到困难了，朋友的孩子住院了，她欠了朋友1.2万元。她许诺朋友一年内还清他1.2万元。

当年的合影（后排左一为吴兰玉）

从此她什么也不顾，更加努力赚钱了。虽然每月有了156元的低保，但仍然与还债相距甚远。她中午到菜市场帮助忙不过来的业主算账、拨菜，动作麻利。她要的只是地上的剩菜叶，业主们给她钱她不要，业主们就会故意在地上丢些好点的菜，她捡菜回去喂鸡和兔子，就又有了些收入。年底，她把月1.2万元还上了。

在她的不懈努力下，所有债务差几千元就还清了。可她在一次捡垃圾时，中风摔倒。医生告诉她，她只有三个月的寿命了，她伤心极了，想自己只有三个月的生命了，还捡什么垃圾呢，今天不捡啦，惆怅之时，一个同行来叫她："吴老太，一个厂子又往外扔废铁渣了，捡不捡？"

"捡啊，我怎么不捡。"刚感伤一小时，她就走出家门工作了。三个月后，她非但没死，病情反而有所好转，只是干不了重活了，不过她已经可以用智慧赚更多的钱了。她跟别的同行不同，很多塑料管之类的东西，没人捡，捡了也会贱卖，她都捡来囤积，在价格适当之时卖掉。收废品的人很佩服她对废品价格走势的估计与了解。有人一毛二收她的东西，她自信地说："我不卖，一毛五也不卖，过两个月不涨到一毛五，你来问我。"这只是个不懂经济原理的老人家啊，却有着过人的分析能力。

在吴兰玉家里采访时，一直感觉很冷，屋里潮气很大，而且墙壁上还有很宽的裂缝。吴兰玉告诉记者，下雨和化雪的时候房屋总是漏水，所以一年四季都很潮。去年冬天，社区给吴兰玉拉了一吨煤，但除了做饭，其他时间她都舍不得烧。

二钢达丰社区低保处工作人员纪广莲告诉记者，1999年4月，社区按照相关政策给吴兰玉发放了最低生活保障金，当时是每月152元，现在涨到了227元。由于吴兰玉是二钢职工遗孀，每年还有300多元的采暖补助费。但是，这些钱都被吴兰玉存下来还债了，她舍不得花一分钱。9年来，她没有买过菜和肉，没有买过一件衣服，平时吃的菜都是在市场上捡来的。

社区领导和工作人员都很关心吴兰玉的生活，遇到有上级领导来慰问特困户的，他们总是不会忘记吴兰玉，尽量帮助她解决生活上的困难。

纪广莲告诉笔者，后来他们才知道，每次带来的米、面、油等慰问品，吴兰玉只把面留下来，油和米都被她拿到市场上卖掉了，卖的钱也都用来还债了。

和吴兰玉做了8年邻居的吴大妈告诉记者，吴兰玉和邻居们的关系处得很好，她捡废品还债的事大家都知道，在邻居们眼里，吴兰玉是真正的女强人。

9年时间里，吴兰玉用低保金和自己捡废品挣来的钱还了4.8万余元欠款。一位债权人感慨地对记者说："吴兰玉真的是一个很值得信任的老人。这么多年，她省吃俭用给我们还钱，她的行为让我们很感动。"

兵团有关部门了解到吴兰玉的情况后，帮助她解决了最后5000元债务。当吴兰玉从建工师民政局领导手里接过5000元现金时，激动得热泪盈眶。当天下午，她就把这些钱还给了最后的两位债主。

在新疆乌鲁木齐，来自成都的吴兰玉老人如今已被当地人所熟悉。她的故事，被人

老人9年拾荒还债，坚毅诚信感动中国

关爱

们评价为"谱写了一曲感人至深的诚信之歌"。面对如潮赞扬声,这位老人诚实憨厚地说道:"欠债还钱是天经地义的,莫得啥子嘛。"

提起吴兰玉老人9年拾荒还债的事情,老邻居感叹不已:"她非常吃苦耐劳,性格太坚强了。"在达丰社区,人们对吴兰玉只有满腔敬佩:"如今,像她如此讲诚信的人,非常少了,她用最艰辛的方式扛起了日渐稀缺的诚信大旗。"

央视"感动中国"栏目对吴兰玉是这样评价的:在中国社会普遍缺乏诚信的今天,吴兰玉用难以想象的行为告诉我们什么是诚信,她启迪和感动了社会大众对诚信的再思考。

经常有人劝吴兰玉,不要那么辛苦地还债。吴兰玉会冲那些人发脾气:"谁的钱都不是天上掉下来的,大家挣钱都不容易,在我最难的时候人家借钱给我,那是相信我。现在我既然有能力挣钱,为什么要赖人家的债呢!"吴兰玉的话,是树立诚信自我信念和毅力的体现,更是对不诚信社会环境的抵制。

常有一些人对诚信问题持无所谓的态度或想法,比如,欠人债务、欠银行贷款,不按期归还,甚至无止境地拖延等。不讲诚信,是难以用经济的尺度衡量的。从表面上看,一两个人不守信用,对大环境似无大碍,但由于少数人不诚信,形成的恶性循环,危害却很严重。个人不诚信,心中没有信用这根弦,必将害了自己也影响他人,会决定人们对他品性的评估;社会不诚信,将直接影响整个地区的经济发展和文明的进程。

诚信话题是严肃的,又是现实的。吴兰玉老人用她艰苦的努力,给我们上了一课,我们应该感谢她。作为个人,应该从点滴做起,积极营造诚信的小环境,越来越多的人才能筑起相互信任、相互携手的良好氛围。

吴兰玉老人的诚信与傲骨让人万分钦佩。吴兰玉在小院里养着几只鸡和兔子,现在债务也还清了,即使日子过得有点清苦,但心里觉得无忧无虑。她还完所有欠款那天,唱了一整天的歌……那天,一向节俭的吴兰玉很大方地拿出8元钱到厂区的小市场给自己买了一双布鞋，作为9年来拾荒还债的犒劳。因为这9年中，她没给自己买过一件新衣服、一双新鞋，甚至冬天都不生火取暖。

当不再结实的肩背再也不用承载重物时，74岁的老人终于长舒一口气，挺直腰板说："终于还清债务了。"

呵护守防官兵心理健康的白衣天使
——阿里军分区狮泉河医疗站外科护士长汪瑞

汪瑞

汪瑞是我军高原边防部队第一个登上特高海拔区守防10年的女军人，也是我军唯一一位在特高海拔区开展全面心理健康调研的女性，常年驻守在人称"生命禁区"的喀喇昆仑山腹地。历时四年进行官兵的心理健康状况追踪调查，跑遍了喀喇昆仑山的每一个哨卡，掌握了雪域高原边防官兵的心理状况，总结出了一系列心理治疗法，建立了边防官兵心理健康档案。2005年，汪瑞又创办了全军首家"高原心理咨询网"。通过她多年的心理健康教育、集体心理疏导和心理治疗，边防官兵的心理异常发生率大幅下降。多年来，汪瑞探索总结出《海拔5000米以上地区官兵心理健康状况》、《高原守防不同时期的心理健康状况及疏导方法》等一批心理科研成果，填补了世界高原心理医学空白。

汪瑞先后多次获得军队科技进步奖，荣立三等功一次，事迹受到中央军委领导的高度评价，2007年6月，新疆军区党委做出《关于开展向汪瑞同志学习活动的决定》。

寻找被高原官兵称为"知心姐姐"的阿里军分区狮泉河医疗站护士长汪瑞，不是件容易的事，因为她常年穿行在边防连队、哨卡站点，时常人在路上。

虽然已是五月了，斯潘古尔边防连的气温还在零下几摄氏度，没有一丝春的痕迹，汪瑞仍然穿着厚重的冬装。从这里，她还将要去波林边防连、扎西岗边防连、普兰边防连等24个边防连和点位，海拔均在4500米左右，预计十几天才能跑完。外表柔美的汪瑞，言谈却透露出刚强与执著。

呵护守防官兵心理健康的白衣天使

喀喇昆仑山

18岁那年，汪瑞穿上绿军装走进了军营；33岁那年，她主动要求调到驻守在喀喇昆仑山的某边防团；40岁那年，她再次申请调到更远的阿里高原工作。脚下的路越走越远，头顶的天越看越高，随着天高路远，汪瑞的选择也越来越坚定。"阿里的条件虽然艰苦，但在那里我可以更有作为。"这是汪瑞常挂在嘴边的一句话。汪瑞真挚地爱恋着阿里，更深情地关注着戍边战士。雪域高原恶劣的自然环境，无时无刻不在考验着边防官兵的意志，无时无刻不在挑战着边防官兵的心理。为了让边关战友拥有健康安宁、开朗快乐的情绪，汪瑞义无反顾地一次又一次走进哨所。

一谈起官兵，汪瑞打开了话匣子。她说，战士初上高原都有新鲜感，但在高原工作生活久了，缺氧都不是最难耐的事，最难的是孤独与寂寞。在几乎与世隔绝的环境中，他们该说的话说完了，该讲的事都讲遍了，新鲜感也没了，剩下的除了沉默就是寂寞。

汪瑞心疼战友，一心想把所学的知识奉献给日夜守卫祖国边防的官兵们，在防区开办了心理咨询门诊、心理咨询热线、心理咨询信函等业务，定期组织心理教育疏导活动，建立心理健康档案。将网络、电话、书信，都当成与官兵进行交流的载体。她还探索总结出了"转移法"、"调控期望法"、"多维思考法"等心理疏导方法，针对不同个体，化解官兵遇到的困惑和难题。

在高原，从某种意义上说，人的心理健康可能比生理健康更重要。正是基于这样的认识，汪瑞把心理学研究实践的目标延伸到5000米以上的特高海拔区。汪瑞走遍了阿里高原、帕米尔高原、喀喇昆仑山所有的一线连队和哨卡，进行心理健康教育、个人集体

阿里的朝圣者

心理疏导。她撰写的研究高原心理问题的学术论文,被《心理医生》、《人民军医》等杂志刊发。其中,《对特高海拔区和高海拔区驻军官兵心理状况及人格特征改变的追踪调查及分析》课题,填补了世界高原心理医学的空白,荣获军队科技进步奖。

谈到孩子,汪瑞说,面对守防官兵的坚强刚毅,她不太爱哭鼻子,但为了孩子,私下里她哭过很多回。有一次上山,她提前给不足10岁的儿子做思想工作,教育孩子要像男子汉不要哭,可汽车启动的那一刻,透过车窗看到瘦小的儿子脖子上挂着一串钥匙,依依不舍地挥动着两只小手,她自己却抑制不住心酸心痛,顿时泪流满面。但是为了更多的官兵,汪瑞选择了以"大家"为重。

与繁华都市相比,汪瑞所处的阿里高原条件艰苦、人烟稀少。

阿里,西藏最西边的一块高地。喜马拉雅山、昆仑山、喀喇昆仑山、冈底斯山,把这块31万平方公里的神奇土地,托上了世界屋脊的屋脊,这里平均海拔4500米,空旷的大地上,除了高山、湖泊和野生动物,几乎荒无人烟。

就在这个有着"生命禁区"之称的风雪国界线上,却集合着最富有牺牲、奉献精神的中国军人,他们常年驻守在海拔最高、条件最恶劣的环境里,每逢大雪封山,守防官兵还要在长达8个月的封山期天天面对茫茫雪野,许多人会出现焦虑、抑郁、烦躁等心理问题,而汪瑞的工作就是为这些边防军人做心理疏导工作。

汪瑞对边防军人心理问题的关注,早在1995年就开始了,那时的她还是南疆军区的一名临床护士,在临床实践中,她发现边防军人的心理健康从某种意义上说比生理健康更重要。正是基于这样的认识,汪瑞把目光转向了心理学研究。

1995年至1997年,汪瑞先后到第三、第四军医大学进修心理学。1998年7月,汪瑞以全优成绩获得了心理学学士学位,并通过了国家执业医师资格考试,成为全军高原部队首位获得国家资格认证的心理咨询师。

丽新疆

把爱刻在心上

走过长长的路

但就在汪瑞学成归来时,她却放弃了原有舒适的工作环境,主动要求调到平均海拔4500米的喀喇昆仑山某边防团工作。

这里是全军条件最差、环境最苦的边防团,作为团里首位赴高海拔地区哨卡守防的女军人,她时刻要忍受着头痛欲裂、胸闷气短的高原反应。

但汪瑞没有因为这些停止探索高原心理研究的步伐,2006年3月,为了进一步扩大心理服务领域,获得更多的研究数据,汪瑞再一次申请从喀喇昆仑山调往海拔5000多米的阿里高原。

短短几年的时间,汪瑞对高原官兵心理变化的20余项指标进行追踪检查,得出了不同年龄、不同职务、不同家庭背景官兵的心理健康数据,获得5万余字的数据资料。

在这些研究数据中,汪瑞发现雪域高原恶劣的气候和封闭的环境,对守边官兵的心理健康影响极大,相比平原地区的人而言,他们更容易产生心理问题。因此汪瑞认为每年征兵时,有必要对心理健康测试引起重视。

就在汪瑞有了这样的想法后不久,在一次为入伍新兵做心理测试时,偶然发生的一件事,真正触动了她建议修正现行《兵役法》的想法。

在给新兵做心理测试的过程中,汪瑞发现有一名战士的心理不太稳定,考虑到对部队日后工作的影响以及战士的身心健康,汪瑞向有关部门提出了退兵的建议。

后来,这名战士还是走进了部队,但就在驻守边防的一个月后,这名战士出现了非常严重的心理抑郁疾病。

这件事情以后,汪瑞一直希望能把这个想法补充到现行的《兵役法》中来,当时已是人大代表的她当即拟定了一份修正草案,即:有严重生理缺陷或严重残疾,以及严重心理异常不适合服兵役的人,免服兵役。

随着中国经济生活的飞速发展,快节奏的生活和巨大的压力造成现代人的心理失衡,

丽新疆

把爱刻在心上

■ 藏族小姑娘

出现抑郁、焦虑、失眠等心理症状,近年来,因压力而导致的自杀或者杀人案件不时见诸报端。在逐步调研的过程中,汪瑞发现不仅是高原部队,许多平原部队在征兵时体现出来有心理问题的人也比以往有增多的趋势。为了掌握最新的心理研究理论,汪瑞翻阅了大量资料,她看到在联合国世界卫生组织近期发布的健康定义中,健康不仅是指身体没有疾病,还要有一个完整的生理和良好的心理状态,以及适应社会环境的能力。而在日本等国的相关法律中也对应征入伍青年的心理提出了相应要求。

在了解了国际上的相关规定后,汪瑞开始着手调研工作,她把目光转回了高原。

在气候恶劣的雪域高原,汪瑞走遍了每一个边防连队和哨所,她先后23次登上全军海拔最高的神仙湾哨所,12次翻越海拔6700米的界山达坂,进行巡诊调研。这其中,汪瑞的每一步都充满着艰辛和危险。

通往雪域边关的道路充满凶险与不测。但是,为了获得最准确的信息,汪瑞从没有犹豫过。每一次惊心动魄的险情,每一个刻骨铭心的记忆,都让她对所从事的事业有了新的理解。汪瑞这样说:"我觉得作为一个人大代表,走到我们官兵中间去调研,是自己的职责,应该这样做,这本身体现的就是对高原边防基层官兵的一种关心和爱护。希望我能更多地把这个高原官兵的一些实际困难反映上去。"

作为一名心理医生,汪瑞关注战士们心理健康的同时,也密切地关注着每一名守防官兵的身体健康。就在最近的两会上,汪瑞还提出了缩短高原部队干部服役年限的建议。

在四五千米的高原守防,低压低氧的环境会给战士们带来各种高原疾病。多年与高原官兵共同驻守高原边防的经历,让汪瑞更懂得每一位戍边将士的情怀。他们不仅要执行繁重的边境任务,适应高原缺氧、潮湿的环境,还要长期忍受着不能与家人团聚的痛苦。

在一篇《守防日记》中汪瑞曾写道:时至今日,她绝不会为自己当初的选择而后悔。但她常想,时光如果能够倒退20年,如果还有重新选择的机会,也许她不会再选择从军

■ 玛尼石

这条路，更不会选择走上风雪高原"生命禁区"。因为，从骨子里来说，她只是一个平平常常的女人……这是一个人最普通的生活，但在边防官兵眼里，这种生活却成了他们最渴望的。和所有边防官兵一样，汪瑞也有着这样的心愿，但每每想到边防官兵需要她时，汪瑞还是义无反顾地坚持了下来。

汪瑞在缩短高原部队干部服役年限的建议中写道：希望将长期工作在海拔 4000 米以上高原地区干部的自主择业年限由统一的 20 年缩短为 16 年；将海拔 3500 米以上干部的自主择业年限缩短为 18 年。带着高原部队最真实的心声，带着对高原官兵生活的关切，汪瑞来到北京，来到两会，她用最朴实的心做着一名人大代表最应该做的事！

脚下的路越走越远，头顶的天越看越高。汪瑞真挚地爱恋着阿里，更深情地关注着戍边战士。军队人大代表肩负着全军官兵的期望，他们想官兵之所想，急官兵之所急，帮官兵之所需，为了让边关战友拥有健康安宁的生活和开朗快乐的心理，汪瑞从高原来到北京，也将义无反顾地一次又一次走上高原，走向哨所，走进战士的心灵。

走出家门开启精彩人生

——阿克陶县玉麦乡热汗古丽·依米尔

热汗古丽·依米尔

2007年以前，生活在新疆阿克陶县玉麦乡的热汗古丽·依米尔，就像一只栖息于塔里木绿洲的小燕子，不敢飞越西域茫茫沙海。如今，25岁的她收获着精彩的人生。这些年，她从一名普通的农家女孩成长为浙江慈溪市一家纺织厂的岗位能手，又成为乌鲁木齐职业大学的一名学生、当选全国人大代表，还被评为第四届全国道德模范，她这一路是如何走过的，我们来听听她的自述……

大家好，我叫热汗古丽·依米尔，出生于1989年2月，我的家乡在新疆阿克陶县玉麦乡。一想起以前的生活，我就想哭，小时候家里很穷，生活条件很差，九口人挤在三间破旧的土坯房里，家里的七个孩子中，我是最小的，也是唯一的女孩。因为孩子多，家里连菜也买不起，为了维持简单的生活，父母想尽了办法，每年在青黄不接的时节，就早早地开始到河沟荒滩里找野菜或是酸杏子煮在面条里给我们吃；买不起肉，爸爸在冬天带着我们抓野兔，运气好的时候可以抓住一只，全家会兴奋好几天。一只兔子要被妈妈分成好几次做给我们吃，父母还舍不得吃一口，都留给了我们。运气不好的时候，一个冬天都抓不到一只，我们一个冬天都吃不到一口肉。

后来，我到阿克陶县一中上学后，才发现学校里有许多城里的学生，他们每天都穿着漂亮的衣服，都可以吃到肉，有着各式各样的学习材料，还能每天骑着自行车去上学，看到他们的生活条件这么好，我十分的羡慕。我也想像他们那样生活，想买一点学习资料，穿漂亮的衣服，拥有一辆属于自己的自行车。但是，由于家里人多地少，又没有其他经济收入，连吃饭都存在困难，父母又怎么可能会满足我的这些愿望呢？上学的时候，我学习很刻苦，想通过好好学习，当一名老师，成为一个传播知识的人，让那些和我一样的农村孩子能接受很好的教育，变成一个有知识的人，改变自己的命运；当我听到吴登云的先进事迹，又想当一名白衣天使，给各族群众看病解除病患，但这些美好的愿望都因家里经济条件差而破灭，初中毕业我的求学生涯就被迫结束了。

2005年7月，初中毕业后无所事事的我只能在家帮妈妈干些家务，看到家里拮据的生活，父母辛勤地劳作，我心如刀割，想趁着自己年轻出去找点活干，挣点钱补贴家用，减轻父母的负担。于是在朋友的介绍下，我到县城里的一家私人药店里当了一名清洁工，月工资才300元。就这样的工资，我在私人药店一天也要站十几个小时，当时我心里非常的委屈，不干吧，连300元钱都挣不上，干吧，一天下来腰酸腿疼，给家里也贴补不了几个钱。在这期间，我有好几次都想放弃这份工作，但迫于生活的无奈，还是硬着头皮继续干。

让我难过的是，当时我营养不良，长的又黑又瘦，穿衣服也很旧，17岁的我显得很苍老，有好多比我年龄大的女人看到我居然叫我姐姐。我心里一直在想，就因为学历低，就应该过这样的生活吗？最让我伤心的是，在药店打工的时候，一天妈妈很和蔼地对我说："孩子，你回来吧，你看村里和你一样的孩子都开始找婆家了，你也快18岁了，干脆找个人家结婚吧。"听了这些话，我伤心地哭了一场，心里难受极了，心想城里面和我同岁的人还在上学，为什么我年龄这么小就让我结婚呢？心里想不通。

就在这时，爸爸从乡里带来了一个改变我人生命运的好消息，玉麦乡党委、政府根据农村的实际情况，出台了一些优惠措施，鼓励全乡像我一样初中毕业的青年，到内地务工，其他乡都在做这件事，听说务工的工厂县劳动保障局都联系好了，工资比在家里干农活高好几倍。听到这个消息后我高兴地跳了起来,心里想,这下可找到出路了,一定要出去赚钱。

当天晚上,我就把想到内地务工的想法告诉了爸爸、妈妈,我一说完,爸爸在犹豫中,妈妈用异样的眼光看着我,摸着我的头说:"丫头,你真的想好了吗?路那么远,你从来没有出过远门,那边吃的、住的,你都不习惯,怎么去挣钱呀?我不同意,我们就你一个丫头,万一有什么事,我们会后悔一辈子的。"妈妈也不停地给爸爸说,你怎么能让她出去呢,我们好不容易养大了七个孩子,现在让唯一的女儿独自一人到外地,听别人说女孩子到外面就会学坏,万一要是走了歪路,这不是丢我们家的脸吗?再说从内地回来也不好嫁人。我听后,心里好难受,几天都没跟父母说话。

这段时间里,村里有些人知道我有想出去务工的想法,都劝我不要去,妈妈也始终不同意,她认为,改变我生活状况的唯一方法就是让我早点儿出嫁。最终,我还是没有拗过妈妈,同意结婚,家里人也开始断断续续地为我准备婚事。

这段时间里,乡村干部天天都在村里宣传劳务输出的好政策,他们挨家挨户地进行宣传。在得知我想到内地务工的消息后,乡干部也经常到我家做父母的思想工作,经过他们的耐心宣传,讲明了劳务输出的好处,乡政府专门派了一名乡干部带领着务工人员到内地工厂去,听到这爸爸同意了,但是妈妈还是死活不同意。为了说服妈妈,我给她讲了一些发生在村里同龄人的事。如:某某年纪小小就出嫁,过着娃娃带娃娃的困顿生活,没有一点幸福,有的实在承受不了生活的重担,就离婚了,这样的生活不但给自己带来不幸,同时还给父母也带来不少的苦恼和麻烦等等。但是固执的妈妈还是不同意我去内地务工。

看到母亲坚决的态度,我决定第二天瞒着妈妈自己到乡政府报名。恰好第二天早上,乡干部再一次来到我们家宣传动员外出务工,我拉着乡干部的手说:"阿姨,我很想去内

把爱刻在心上

■ 草原上的小姑娘

地务工,很想出去看看,多挣点钱。"乡干部非常支持我的想法,鼓励我尽快去报名。我向乡干部倾诉了妈妈固执的想法,乡干部知道后,专门找我妈妈谈话,对妈妈说:"大姐,这次你女儿到内地务工是我们县改善群众生活、增加农牧民群众收入的一件好事,难道你不相信党和政府吗?我们的党为了使各族人民脱贫致富想尽了一切办法,你也看到的,这几年党对农村的政策多好,免农业税、实施合作医疗和九年义务教育,发放各种惠农补贴,这些好政策的唯一目的就是让我们老百姓快快富起来,过上好日子。但是大姐你也看到我们的人多地少,想富也不是那么容易,所以我们才到处联系,让你们的孩子有一个好的工作,多挣点钱。我们也是为人父母,可以理解你的心情,但是请你放心,我们这样做也全都是为了你们家庭好、为了孩子的将来好啊!"在一旁的爸爸不停地点头说:"是呀是呀,要多感谢党和政府,我一定让孩子去!"他们走了以后,爸爸又给妈妈做了很久的思想工作,终于妈妈同意了,当时的我别提有多高兴了,心里像长了翅膀一样,期盼全新的生活历程带来幸福的好日子。

2007年4月1日对我来说是一个崭新的日子,我和小姐妹们来到县劳动社会保障局开始了为期一个月的集中培训,在培训期间,我们吃、住、培训费等都全免,政府还精心为我们准备了新的碗筷、新衣服及出门用的皮箱等生活必需品。最让我难忘的是,以前只是听说过的洗澡堂,我们居然还进去洗了个痛快,就是从那以后我才知道原来洗澡是这么舒服的一件事,原来我们的日子还可以过得更好,这一切更加坚定了我要出去的想法。

2007年5月1日,在阿克陶县劳动社会保障局局长刘宏的带领下,我们统一前往浙江省慈溪市宁波双源纺织发展有限公司,第一次坐上了以前只能在电视上看到的火车,火车里我们一路跳舞唱歌高兴不已,对外面精彩的世界充满了向往。火车一路驶过,看到路边上城市里的高楼大厦,我们都在想我们的家乡什么时候才能变成这个样。经过

把爱刻在心上

■ 帕米尔卡拉库勒湖

6500多公里的行程，我们安全抵达慈溪市。一进公司的院子，首先映入我们眼帘的就是漂亮的四层住宿楼、职工之家、美丽的花园、整齐的厂房，我们都被眼前的景象迷住了，大家都七嘴八舌地说："这是公园，还是宾馆？"厂领导很热情地接待了我们，把我们安排到二楼的宿舍里，四个人住一间，一人一张双层床，宿舍里有空调、风扇、卫生间、浴室，同时，厂方还为我们每个人准备了全新的被子、洗脸盆、保暖瓶、毛毯、床单、衣架，甚至连卫生纸都为我们准备好了。伙食也安排得非常周到，专门请来了新疆厨师做饭，饭菜非常可口。

连着几天我都高兴得不得了，心想像我这样一个普通农民的孩子能够到这么好的地方工作，真是要感谢党和政府。第二天早晨厂领导对我们的到来表示了热烈的欢迎，并告诉我们，以后不论是生活还是工作有什么困难尽管说。无微不至的关怀和亲人般温暖的话语让我们感到像自己家一样。因南北方气候的差异，我们一起来的小姐妹都开始水土不服，有的闹肚子、有的失眠、有的皮肤过敏等等，厂领导就专门安排了厂里的医生给我们医治和讲解了一些南方生活的注意事项，厂领导经常来看望我们，让我们心里非常感动。记得刚到厂里工作，我们最不习惯的是时间观念的转变，因为新疆与浙江有两个小时时差，加上我们从学校毕业后散漫惯了，所以时间观念特别淡薄，但是厂领导从来都是和颜悦色地强调，让我们又感动又惭愧，渐渐地我们也就习惯了按时上下班，融入到现代化工厂的生活。

　　现在,我们都像城市姑娘一样,不管是生活条件还是思想,都和以前大不一样了,这都得感谢我们赶上了好政策,感谢州、县党委、政府的大力支持。劳务输出让我们开阔了眼界,让我们学到了很多东西。就拿语言来说吧,刚到纺织厂的时候我们在语言方面有着很大的困难,于是汉族同事就经常帮助我们,鼓励我们要多说,有时我们一句话说得颠三倒四,他们也总是耐心地听,不断地帮我们纠正,教我们如何能更好地发音、用词,在他们的帮助下,我们的汉语水平有了很大的提高。慢慢地我们能够用汉语和汉族师傅、同事们聊天了,并和他们成了好朋友,使我们在掌握技术时也容易多了,工作起来也得心应手了,下班以后相互走动,节假日时一起搞联欢活动,他们特别喜欢看新疆的民族歌舞,我们就给他们手把手地教,他们也教我们如何编织毛衣、围巾、拖鞋等技术。几年来,每逢肉孜节、古尔邦节,在收到家里的祝福的同时,厂领导在第一时间都慰问我们,为我们准备馓子、干果及丰盛的民族饭菜;我们务工的姐妹不管谁过生日,厂里就早早地准备好了生日礼物,各民族亲如一家,相处得十分融洽。

　　好运来了喜事连连,外出务工人员所在家乡的县、乡领导对我们家里也是非常关心,经常问寒问暖,询问我们在外的生活、学习、工作情况。听到这个消息,我们都非常高兴,就把这好消息告诉了我们务工的同事们。他们听后很奇怪地说:"你们的领导这么好啊,我们也去做新疆人好不好啊?"2007年9月,阿克陶县委、人民政府,州、县劳动局等单位的领导到浙江来慰问我们,他们给我们送来了党和政府的关怀,带来了家乡人民的问候,让我们的心里又感动又自豪,因为有政府为我们保驾护航,我们工作起来也是十分的带劲。在慈溪工作期间,让我最高兴的事情是由于我工作突出,阿克陶县委邀请我爸爸作为务工家长代表之一到我们厂里来看我。在得知爸爸要来的消息后,我高兴得一晚没睡,逢人就说:"我爸爸要来看我了。"当爸爸来到我们厂里,他刚下车我就扑到他的怀里,我爸爸差点认不出来我,他摸着我的脸和手说,这是我的那个脸黑黑的满手茧子的宝贝丫头热汗古丽吗?你怎么变得这么漂亮,这么白了,手上的老茧怎么都不见了?爸爸又仔细地看看我:"这是你吗?真的是我的女儿吗?"爸爸激动得热泪盈眶。他还告诉我说:"我们来回的费用都是由政府出的,一路上还管吃管住,还给我们免费发放其他生活用品。"并语重心长地对我说:"一定不要辜负党对你们的希望,在厂里就听厂领导的话,为我们阿克陶争光。"我爸爸也说了家乡发生的变化:"我们赶上了好政策,现在生活太幸福了,村里的面貌也是一天一个样,原来村里的土路已经变成柏油路了,和你一同务工的孩子不少家里盖起了新房子,我用你寄回的钱和你妈一人买了辆摩托车,添置了洗衣机和冰箱。以前家里穷,村里人瞧不起,现在走在街上可风光了!"听了这些话,我特别高兴。当时我们对来看我们的家乡领导表态:"我们一定不辜负党对我们的希望,在这里好好工作,等到我们走的时候给这里的人留下一个新疆姑娘真了不起的好印象!"我爸爸和其他家长代表参观了我们工作和生活的环境,看到我们的工作、生活条件都这么优越后鼓励我们说:"这里条件比家里好几千倍,我们放心了,好好干,不要忘记党对你们的关怀。"

爸爸回家以后,把我和厂里的情况说给了我的两个哥哥,哥哥听后深受鼓舞地说:"妹妹在那里干活,我们怎么能在家里吃闲饭,靠妹妹养着我们呢?"就这样,在我的带动下,我的两个哥哥也来到了慈溪,他们在慈溪一个托运站找到了工作,我们三兄妹的月收入达5000多元,有时候可以达到6000到7000元。现在我的父母尝到了务工的甜头,看到现在的这个生活水平,更加鼓励我好好干,多挣钱,同时,我也感谢党和政府在我困难时给我找出路,创造这么好的条件,让我的生活有了翻天覆地的变化。

我在浙江省慈溪务工4年里,给家里先后寄了97000多元,给家里盖了大大小小15间房子,给妈妈买了结婚想买没买的金戒指、项链,为自己添置了手机和数码照相机。

走出家门 开启精彩人生

美丽少女

157

爸爸用我寄的钱给家里购置了电瓶车，还在村里开了个小超市，受到村里的欢迎，也受到大家的尊敬，见了面后十分热情，有的人还十分羡慕地说："你们家的孩子都有出息了，现在你家的日子好了，多好啊！"

2009年10月15日，我外出务工后第一次回家乡，看到家里的变化，我几乎不敢相信，家里盖起了一砖到顶的新房子，爸妈看起来也好像年轻了许多，以前穿的那些破鞋子、烂衣服都已经换成新的了，知道我要回来，妈妈还特意穿上了高跟鞋，爸爸也穿着干干净净的白衬衣。我在家里帮忙照看超市时发现，我们村里的其他人日子过得还是挺艰辛的，虽然不缺吃不缺穿，但是手里的现钱还很有限，还有和我一样大的小姐妹有的结婚了，但时间不长又离婚了，日子过得很惨淡，还有的一天无所事事不是靠着墙晒太阳，就是在街上闲逛打发时间，浪费青春好时光，穿的还是以前的旧衣服，看起来家里的生活还是很苦。看到这些情况后，我感到很痛心，决定为他们也谋谋出路。于是我和浙江厂家联系看厂里需不需要招聘员工，厂里对我们新疆阿克陶籍女工评价很好，让我多找一些人过去。于是我又到乡党委、政府谈了厂里的意见和我想带姐妹们一起出去务工的想法，乡党委政府十分支持我的想法，立即叫乡劳保所的工作人员，帮我协调人员招聘的事宜，同时乡党委还召开好几次会议动员和鼓励乡里的青年跟我一起去务工。在乡里的大力支持下，我这几年里共招聘了500多人到慈溪务工。

2010年9月27日是我这一生中最难忘的一天。因为那天自治区党委书记张春贤在浙江考察时在杭州湾新区专程看望我们，张春贤书记握着我的手，询问我们工作生活的情况，当得知我们的一切都好的时候，他欣慰地笑了，并鼓励我们好好干，为新疆人增光争气，干出我们新疆人"爱国爱疆、团结奉献、勤劳互助、开放进取"的精神来，我们都很受鼓舞，直到现在我的心里都是感动万分、激动不已。

新疆的领导看过我们以后，我们周围的其他省份的同事比以前更加羡慕我们了，他们说:"我们也是整年打工,我们领导也不来看我们,你们领导一个走了一个来,看望你们的情况,干脆我们也做新疆人算了。"听他们这样说,我们的心里特别自豪,特别感谢张春贤书记等领导。

2010年10月27日克州帕尔哈提·吐尔地州长带了10万元到纺织厂慰问了我们克州的务工孩子,我作为务工人员的领队得到奖励3000元;阿克陶县委和政府又奖励我2000元。

为了感谢党和人民政府,报答党和政府对我的培养,为家乡多做一些贡献,我用5000元买了20盏路灯,装在了我们村1公里的道路上,村里的白胡子老人高兴地说我们村也有路灯了,晚上走路不用摔跤了。

为了引导更多的年轻人出去务工,2010年3月7日我带着务工姐妹的工资22.5万元,回到了家乡,挨家挨户地发放到务工人员家长的手里,起到了很好的宣传和示范效果,许多村民看到外出务工的实惠,以前不愿跟我去的姐妹都给我打电话说:"我们也想去,你能不能也带我们去?"村里人把我看成了大能人,以前见我就说谣言的那些阿姨红着脸看也不敢看我了。第二次、第三次分别带回17.6万元、12万元。4年间,我先后共3次带回姐妹们务工工资52.1万元。每一次回来乡里都热闹非凡,务工姑娘的家长很早就来到乡里等候自己孩子的消息,乡党委、政府对我归乡也给予了高度的重视,乡长和乡妇联主任给我献上了祝福的花束,并夸赞我说:"你是劳务输出的好带头人。"听着领导关怀的话语,我流下了激动的泪水,每一次都是我这一辈子都无法忘记的。

我爱我的家乡,我爱我的父母。阿克陶县是生我养我的地方,我更爱我的祖国。我现在真正理解了伟大祖国是一个大家庭,没有大家就没有小家,国家不发达就没有幸福的小家庭。阿克陶县是把我养大的家,浙江慈溪市是我的第二个家乡,第二个家乡让我发展,让我开阔眼界。我现在学会了汉语,学会了文化,学会了技术,靠自己的本领挣了钱，改变了命运，过上了好日子。这几年，党委、政府和新闻媒体都非常关心我，我现在成为乡里亮丽的风景。先后多次得到厂里奖励、外出旅游机会；2008年5月6日我第一次被厂里评为接纱绳头优秀技能第二名，这是我参加工作第一次获奖；2008年我被阿克陶县委、人民政府评为劳动转移能手；2009年、2010年被克州党委、政府评为先进工作者；2011年被克州文明委评为克州第二届道德模范团结友爱模范人物；后来我又被选为全国人大代表，还被评为第四届全国道德模范。受到表彰，这更加坚定了我自主择业、外出务工的信心和决心。

如今，通过努力，我重新走进校园，成为乌鲁木齐职业大学的学生，但上大学只是我创业路上的一个加油站。我大学毕业后，要重操旧业，当一名劳务输出经纪人，让更多的姐妹走出高原，到更广阔的世界实现人生的价值。我要带领更多的雏鹰搏击风浪，弄潮东海！

带着瘫痪丈夫去援疆
——河北省邢台市妇幼保健院妇产科副主任医师余文丽

■ 余文丽

　　余文丽,一名来自河北省邢台市的援疆女医生,一个人如其名的文静而美丽的女性。2011年3月5日,余文丽作为河北省第六批援疆干部来到地处塔克拉玛干沙漠边缘的巴音郭楞蒙古自治州若羌县人民医院工作。当年4月1日,余文丽的丈夫陈志强突发脑出血,昏迷不醒,她带着突发脑出血导致半边肢体瘫痪的丈夫坚持援疆,用行动谱写了一曲感人至深的援疆之歌。

　　余文丽的家是一个略显拥挤的两居室。说起当年援疆的事儿,两口子有点儿着急。余文丽拿出写好的"返疆申请书",请笔者向领导们"说情"。得知即将如愿以偿时,夫妻俩异常高兴,归心似箭。手持余文丽按有红手印的"返疆申请书",笔者感受到的是两颗情系边疆滚烫的心。

　　这份还没有递呈的"申请书"摘录如下:

尊敬的领导:

　　新疆若羌县的医疗技术力量比较薄弱,急需专业技术人员,作为在那里工作近一年的医务人员,更有一种责任感、使命感和紧迫感。我还没有圆满完成组织交给的任务,愿意继续投入援疆工作。

　　援疆经历让我的人生更加丰富,视野更加开阔,我感受到了祖国大地上的另一种风情，与当地人民建立了深厚的感情，这一切使我受益终生，我热爱这片热土。

为祖国效力，为边疆服务，我感到无上光荣。我真诚地希望组织再给我机会，为若羌县医疗水平的提高付出更多的努力！

邢台市妇幼保健院副主任医师余文丽
2012 年 1 月 24 日

余文丽这位漂亮的女大夫，双手却严重老化，枯柴般的手与她的年龄极不相称。就是这样一双手，在新疆若羌县医院一年内累计为 400 多名产妇提供了服务，直接或间接迎接了近百名婴儿降生；就是这样一双手，传递着内地人民最炽热的爱，被若羌各族群众视为最美丽的双手。

"余医生很热情。""余大夫，亚克西（维吾尔语'很好'）！"若羌当地患者提起余文丽，总会这样说。

2011 年 12 月 13 日凌晨，27 岁的维吾尔族妇女托胡提汗出现产前征兆，母亲艾结汗和妹妹热孜亚急忙带她来到县人民医院。孩子出生了，胎盘却有残留。余文丽为她实施的刮宫术马上展开。

"余医生给了我们亲人一样的爱。"手术很成功，看到母婴平安，艾结汗的眼角湿润了。

这天上午，医院共有两名婴儿出生。余文丽每隔一段时间，就会到病房看一看。

"婴儿的皮肤很娇嫩，用棉被包裹最好，尽量别用毛巾被或腈纶被。"查房时，余文丽耐心指导产妇做好婴儿护理。

余文丽看似文弱，其实很有担当，特别是在处理疑难病症上经验丰富。因此，即便不是余文丽值班时间，医院也常常请她参与诊断或手术。

"我们在新疆时，半夜里常常被敲门声惊醒，余文丽总是急匆匆起床，赶到所在医院。"

库尔勒博斯腾湖

说话略显迟缓的陈志强这样描述爱人余文丽的生活。

在一次剖宫产手术中,患者破水后突然出现寒战、哆嗦、胸闷症状。医务人员紧张起来,赶忙叫来余文丽。在余文丽指导下,吸氧、抗过敏、解痉,有条不紊地进行,母婴转危为安。

2011年9月,妇产科医生古丽尼莎动手术时发现,产妇生产后,体内还有一颗鸡蛋大小的子宫肌瘤。是随即切除肌瘤还是等产妇身体有所恢复后再做? 她拿不准,再次请来余文丽。余文丽根据肿瘤大小和位置情况,决定实施肿瘤剔除术。她从古丽尼莎手中接过手术刀,把肌瘤小心翼翼地剥了下来。"一次解除病痛,患者可以省点事、省点钱。"余文丽说。

在同事看来,余文丽是"动刀"的好手,也是"不动刀"的高手。一天夜里,一位产妇出现产程无进展症状。要不要做剖宫产? 值班医生请教余文丽。余文丽耐心地帮助产妇转动胎位,一会儿,婴儿自然分娩了。

"自然分娩,减少创口不算,还为患者省下近2000元医疗费。"

"农牧民听不懂汉语,余医生听不懂维吾尔语。遇到这样的病人,余医生就请维吾尔族同志解释,无论多少遍,她都耐心听,脸上始终挂着微笑。"

"余医生查房很细心,从用药方法到饮食方式,给患者悉心指导,还帮产妇冲红糖水。"

163

"一位病人家属,出于感激,给余医生送了个红包,余医生在拒收不成的情况下,让护士把红包转成了患者的住院费。"余文丽的同事对她的事迹交口称赞。

好雨润物,细而无声。有余文丽的带动,若羌县医院医疗水平和服务质量都得到明显提升。好多打算去州府库尔勒就医的患者,转而来到这家医院。

"我跟你一起到新疆吧。"这是余文丽爱人发自内心的话。那是2011年3月5日,余文丽首次踏上援疆之路。邢台距若羌3700公里,坐汽车、乘飞机,再倒长途大巴,单程一趟最快也要3天。这些,余文丽去之前并不知道。若羌地处南疆,地阔人稀,从县城到州府库尔勒440公里,比邢台到北京的路程还要远。这些,余文丽也不清楚。若羌与邢台相比有两个小时的时差;天干气燥,沙尘暴多发;睡觉醒来,擤出来的鼻涕都带着血。这些,余文丽更不知道。

余文丽只知道,援疆,是一份神圣的使命。

援疆前,爱人说:"家里有我,放心去吧。"她援疆,一度没有后顾之忧。

可正当余文丽在若羌全身心投入工作中时,一场变故突然闯进她的生活。

2011年4月1日晚,爱人陈志强在邢台家中突发脑出血。听到这个消息,余文丽的腿立时软了下来。3天的回家路令人焦灼。

4月4日凌晨1时,余文丽匆匆赶到邢台市第三医院,在手术通知单上签了字。然而,爱人已经错过了立体定位脑部手术的最佳抢救期。

一夜间,她青丝变白头。

双方父母都已年迈,儿子正在上学。为了不让他们担忧,余文丽隐瞒了实情,独自忍耐煎熬。

她数着日子,企盼奇迹出现。14天后,爱人苏醒了,但落下后遗症,身体右侧偏瘫。32天后,爱人手脚能微微地活动,还可以说一些简单的话。再以后,爱人坐起来了,能

带 着 瘫 痪 丈 夫 去 援 疆

维吾尔族妇女

撒拉着走路，说话也恢复得差不多了。

留下来照顾爱人，还是返回若羌？余文丽心里十分纠结。她既不忍心撇下病中的爱人，又不忍心撂下肩上的援疆重担。爱人看透了她的心，天天吵着要她订机票返疆。

余文丽一步一回头地走出家门，返回若羌。在若羌，她强忍着内心的焦虑，投入到工作中。只是在晚上，才给爱人打个电话，或通过网络视频聊聊天。

电话里，爱人总告诉她：今天手臂更有力了，走路更稳了。她不大相信，可又希望这是真的。直到几个月后，爱人的姐姐打来电话：志强饭吃得很少，一天也不说一句话，病情恢复不理想。

余文丽突然明白了一切，心一下子沉了下去。

时隔5个月后，余文丽再次回到爱人身边，她一阵心痛：以前发福的爱人，如今像抽了油一样消瘦下来！

"我不走了，再也不离开你了。"余文丽压住眼角的泪花。

"要不，我跟你一起到新疆吧。"

"这能行吗？"

"咱试试吧！"

余文丽眼前一亮。她抓起电话，向邢台市援疆工作前方指挥部指挥长张彪请示。张彪在详细了解陈志强的病情后，表示可以试一试，并在第一时间为这对夫妇安排好住所。

从北京乘飞机到乌鲁木齐，又挤上长途大巴连走13个小时夜路赶回若羌。病中的陈志强一个姿势躺到若羌。

10月22日早晨8时，当邻居还在睡梦中时，余文丽搀扶着陈志强一瘸一拐悄悄走进简陋的新家，没有麻烦任何人。

在40多平方米的一室一厅小居室里，这对患难与共的夫妻，携手开始了新的生活。

早晨,是余文丽一天中最为紧张的时刻。七时半左右,余文丽家中的灯便亮起来。洗漱、做饭……最重要的一项工作,是帮爱人做康复锻炼。十几平方米的客厅,兼作训练室。在若羌,找不到合适的康复器械,一张钢丝床,一条双人座椅,都成了陈志强的训练工具。此外,他们还自制了一些简易器械,想着法儿做训练。

请不到按摩师,余文丽就自己充当。从头到脚,余文丽一寸一寸为爱人做按摩。特别是指关节、腕关节、肘关节、肩关节、膝关节、足腕等关键部位,每处都要活动50到100下。有时爱人看她太累了,就说够了够了。每当这时,余文丽会绷起脸:还差十几下呢,你可不能偷懒!

每天9时45分,余文丽出门上班。上午10时是上班时间,这样安排,她可以提前10多分钟到医院。

晚饭后,做完训练,余文丽便和丈夫看看电视、聊聊天,这是一天中最惬意的时刻。陈志强说,心情放松时,余文丽还会放歌一曲,"《血染的风采》《我的祖国》《爱我中华》,这些歌唱得老好。"

重复着这种特殊的生活韵律,恩爱有加的夫妻很满足。

余文丽携手爱人援疆的故事不胫而走。若羌感动了,巴州感动了,家乡也感动了。

这对夫妻的生活受到若羌、巴州以及家乡干部群众的广泛关注。两地领导纷纷亲自登门或致电慰问。

若羌县农民宋礼从电视上看到报道后,激动不已。他装了一兜红枣和水果,揣了5000元现金,开着电动三轮车赶到县医院,要余文丽为爱人改善一下生活。

"这是若羌人民的一点心意。"宋礼说。

面对盛情,余文丽婉言谢绝。

这时候,富有喜剧性的一幕出现了:宋礼丢下礼品、礼金转头就跑,余文丽拿着礼品、

把爱刻在心上

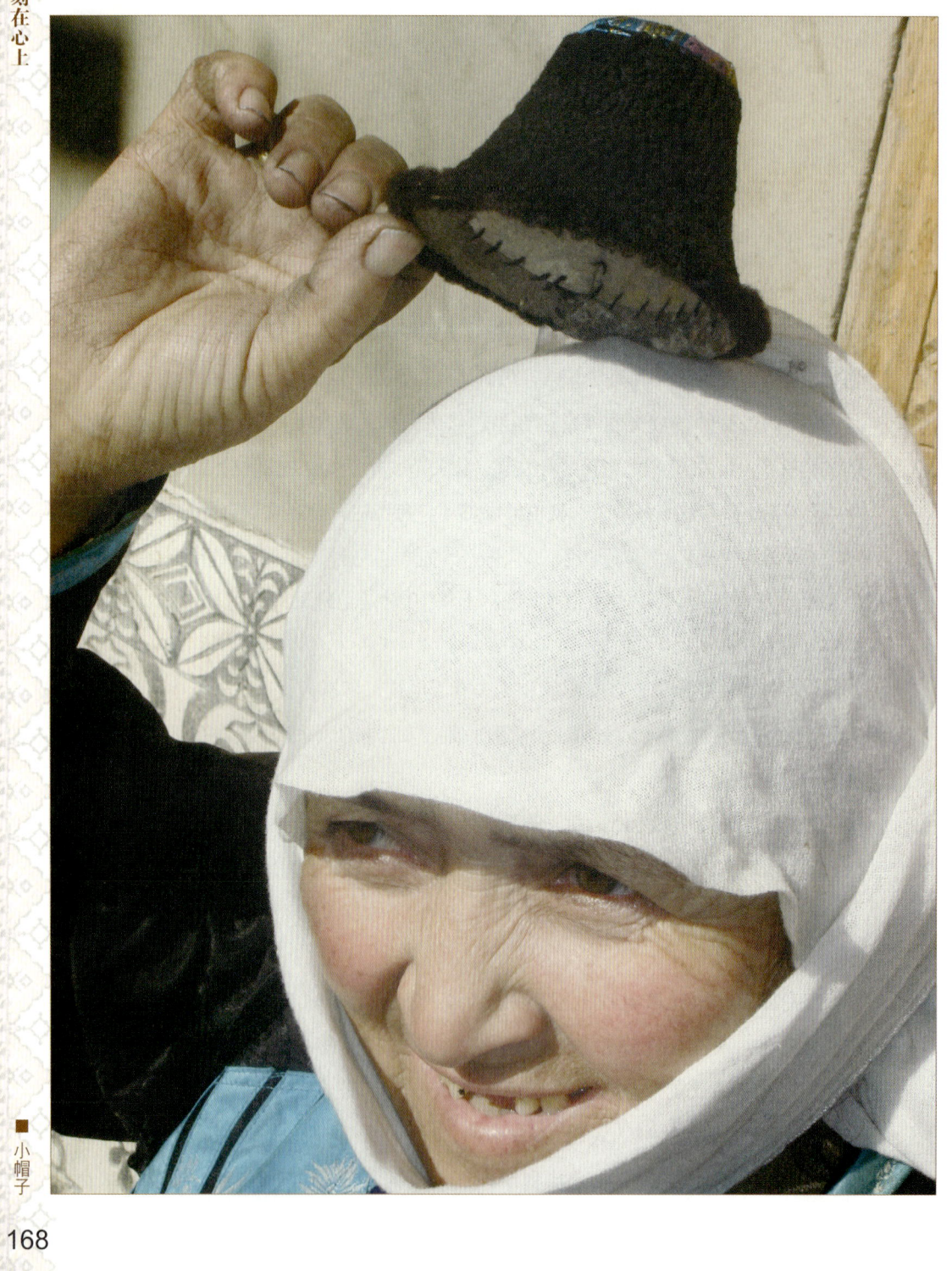

小帽子

礼金随后就追。追下楼梯,追出医院,追过了十字路口,余文丽终于追上了宋礼。在余文丽的坚持下,宋礼只好带回现金。在宋礼坚持下,余文丽只好留下红枣水果,收下这份浓浓的心意。

若羌县委副书记、受援办主任徐凯说,余文丽故事的背后,是各族人民的血脉相连、骨肉深情,是党和国家强有力的援疆政策,是一个个英雄的援疆团队。

面对媒体的余文丽,这样解释自己对丈夫的悉心照料:照顾爱人是我的本分;这样解释自己对援疆工作的执著:援疆是我的责任;这样解释自己对若羌各族同胞的感情:我热爱这片土地。无论我们使用怎样的词汇、树立何种标杆、挖掘到什么样的深度来言说一个模范人物,真正动人心魄的都是这种真实、朴素的力量。

带着自己偏瘫的爱人,产科医生余文丽从燕赵大地走到了新疆若羌,走到了医疗资源薄弱的援疆基层,走到了各族兄弟姐妹中间。考虑到她面临着巨大的家庭困难,组织上曾建议让她提前结束援疆任务,但强烈的使命感和对各族同胞的深情厚谊让她无法离开。一封真挚的"返疆申请书"书写了余文丽的理想与情怀:"为祖国效力,为边疆服务,我感到无上光荣。"在新疆若羌,在医疗一线,她坚守着白衣天使的职业操守,见证了各族人民的血脉深情,甘食粗粝,不染纷华,修美于内,探求大义,以朴实的方式诠释了和谐社会真与善的内涵,诠释了社会主义核心价值体系的现实魅力。

她如此可敬可佩,却又如此可亲可爱。作为妻子,她自制简易器械帮助偏瘫爱人复健,从头到脚一寸一寸为爱人按摩,看着电视唱歌,听着电话流泪;作为产科医生,她体贴地为产妇冲红糖水,用双手捂住患者冰凉的脚,精打细算地为患者省钱,婉拒若羌老乡的礼品和现金,却收下他们的心意和盛情。这位文静柔弱的女医生,一肩挑着家庭与爱情,一肩挑着事业与使命,就这样一路跋涉而来。拳拳报国之志与殷殷爱家之情,如此美好地融合到了一起,又如此自然地流向同一个方向。

我们的时代呼唤余文丽这样的平凡英雄，他们不是为大家舍小家，而是将对小家的爱熔铸到更大的情怀中；他们不是"高大全"的概念与符号，而是朴素中的闪光、平凡处的超拔。有他们的存在，我们不再轻易地将那些崇高的誓言品读为口号，不再武断地将那种伟大的情怀定义为"高调"。有他们的存在，让我们的年代、我们的生活都有了沉甸甸的分量。余文丽，真水无香，以她的朴素之美，映照着伟大的时代精神。

46年坚守焦裕禄精神的高地
——哈密地区中级人民法院退休干部阿布列林·阿不列孜

■ 阿布列林·阿不列孜

习近平总书记2014年在河南省兰考县调研指导党的群众路线教育实践活动时，高度概括焦裕禄精神，深刻阐述焦裕禄精神过去是、现在是、将来仍然是我们党的宝贵财富，勉励党员干部大力学习焦裕禄精神。

中共中央政治局委员、自治区党委书记张春贤强调，要深入学习习近平总书记的重要讲话精神，把学习焦裕禄精神作为一条红线贯穿群众路线教育实践活动始终，做到深学、细照、笃行，把焦裕禄精神作为一面镜子，努力做焦裕禄式的好党员、好干部。

在哈密地区党的群众路线教育实践活动中，为使哈密地区的党员干部实实在在受到教育，地委想到了焦裕禄这个践行群众路线的优秀代表，邀请焦裕禄的二女儿焦守云等人，于2014年2月25日做了精彩报告，在哈密地区党员干部中掀起了学习弘扬焦裕禄精神的热潮。

维吾尔族老人阿布列林·阿不列孜从媒体上知道了这场报告会后，激动不已，把他珍藏了46年的一张和焦裕禄家人的合影拿了出来。他的故事让我们看到，党的群众路线教育实践活动是"知"与"行"的结合，学习弘扬焦裕禄精神与践行新疆精神在内涵上同样一脉相承、高度统一。

"奋斗改变命运！"阿布列林说，与当年焦裕禄所面对的困难相比，自己要面对的困难就不算什么了，又有什么理由不通过努力奋斗而实现人生超越？

焦裕禄的公仆情怀对阿布列林影响很深，这些年，无论是在检察院工作，还是在法院工作，他都一直牢记三句话："欲做公仆先近人、既做公仆必做事、做好公仆当为民。"

17岁，是阿布列林·阿不列孜人生的重要分水岭。此前，"焦裕禄"只是一个离他很遥远的名字；此后，"焦裕禄"这个名字成了他一生的精神坐标，一辈子的精神守望。1968年，不满18岁的阿布列林，慕名前往河南兰考县祭拜焦裕禄。兰考之行点亮了他的整个人生。

不怕涝、沙、碱"三害"，迎难而上改变兰考面貌……当年在兰考县耳闻目睹焦裕禄的事迹，其"敢教日月换新天""革命者要在困难面前逞英雄"的奋斗精神，深深铭刻进了年轻的阿布列林的心中。

1950年出生的阿布列林，身上有那个时代浓厚的印记：下乡接受再教育，经历"文革"……当然，他也走出了一条出类拔萃的道路：从农民到工人再到司法干部，他获得了普遍意义上的成功。

哈密市人民检察院控申科检察员阿不都热依木·阿皮孜回忆说，从兰考回来之后，无论是当农民、工人，还是当副检察长、法院院长，阿布列林工作起来都有一股"拼命三郎"的劲儿，"奋斗"成了他生命的标签。

这位与阿布列林共事20年的老伙伴至今仍然记得，当年在劳动中，阿布列林的手掌无数次被磨出了累累血泡，可他用注射器抽干血泡，抹点紫药水就又出工了。

像焦裕禄那样勇往直前地奋斗，成了阿布列林的人生信条。

1979年，因出色的工作表现，阿布列林被选拔到哈密市人民检察院工作。

当时，对于只有高中学历、汉语水平不过关、法律知识也相当匮乏的阿布列林来说，这次选拔既让他承担着周遭的怀疑，也在内心面临着巨大的挑战。

今年50多岁的沙代提·牙合甫，是哈密市人民检察院办公室工作人员，她亲眼见过阿布列林身上的那股顽强和毅力。

多少次，在炎炎夏日或凛凛冬夜，阿布列林办公室的灯执著地亮着，他废寝忘食地学习汉语，如饥似渴地"恶补"法律知识。又毒又大的蚊子连番叮咬，他丝毫不动；睡意频频时，他一遍遍用冷水洗脸；甚至生病住院，他挂着吊瓶也要钻研那些晦涩的法律文书……在沙代提的眼中，阿布列林就是一个十足的学习"狂人"。

这名"狂人"最终于1985年考入新疆政法管理干部学院，并通过刻苦钻研，实现了由一名普通工人到检察院检察员的完美蜕变。

"奋斗改变命运！"阿布列林说，父母生下他们兄弟姐妹8人，生活上的极度拮据，让他原本只能埋头乡野，碌碌无为一生。

"虽说这样也并非不好，可每遇一道难关，我都会不由自主地以焦裕禄为榜样。"阿布列林说，与当年焦裕禄所面对的困难相比，自己要面对的困难就不算什么了，又有什么理由不通过努力奋斗而实现人生超越？

每条河流都有一个梦想：奔向大海；每个人也都想通过自强不息的奋斗，实现人生价值。就在近半个世纪的不懈实践中，他发现，像焦裕禄那样以饱满的奋斗精神拥抱生活，不仅能够赢得事业上的奋发有为，更重要的，还能赢得内心的幸福感。这种幸福感让他不断在新的逆境中崛起，开拓出人生的新境界，进而也不断有了翩翩起舞的人生力量。

冒雪访贫问苦，冒雨送救济粮款，心中装着人民，唯独没有自己……朴实、真挚的公仆情怀，是焦裕禄精神最耀眼的光芒，最鲜明的品质。尽管1968年的阿布列林还是青涩年纪，可当他在兰考所见所闻所感，当他站在焦裕禄墓前，他被焦裕禄那样一种至真的公仆情怀深深打动了。

哈密地区中级人民法院党组书记毕晓鹿说，焦裕禄的公仆情怀对阿布列林影响很深。有一年，哈密市人民检察院受理了一起奸淫幼女案。一审法院以"被告人认罪态度好，积极赔偿被害人损失"为由，只判处被告人有期徒刑8年。

阿布列林·阿不列孜拿出与焦裕禄家人的合影

"我认为定罪不当，适用法律错误，量刑畸轻，必须提出抗诉。"阿布列林说，他夜以继日撰写抗诉书，以充分的事实和理由提出抗诉。最终，被告人被改判为有期徒刑10年。

在哈密检法系统，阿布列林还有一项"绝活"——可以熟背不少法律条款，且毫无差错。

身为阿布列林的徒弟，哈密市人民检察院反贪局副局长阿不力米提·沙力说："当年老师对我的要求严格到了苛刻的地步，甚至起诉书一个标点都不能错。"

有一次，阿布列林偶然得知，当地公安部门在侦破一起盗窃大案后，没有及时移送检察机关，预备内部处理。他当即坐不住了，不顾周遭人的说情，迅速赶至公安部门，苦口婆心申明法律有关规定，要求以事实为依据，以法律为准绳，秉公执法。

后来又经过三次现场督促，对方终于将案件移送起诉。那个案子最终依法追捕5人，起诉6人，免诉1人。

"我是人民的检察官，人民的法官，更是一名党员，把每一起案件都办成'铁案'，是我义不容辞的责任！"阿布列林说的这句话，感动了很多人。

很多同行评价："阿布列林经手的案子能经受历史的检验。"一次，哈密地、市两级检察机关在当地社情调查中了解到，一名曾参与抢劫、盗窃案的主犯乌麻尔·艾力在逃，逍遥法外已达3年之久。很快,一个以阿布列林为组长的6人追捕小组成立了。经过夜以继日的跟踪、监视,行程数千里,终于在3个月后,将流窜于大连、乌鲁木齐、库尔勒等地的犯罪嫌疑人乌麻尔·艾力抓获归案。几个月艰苦卓绝的攻坚战结束了,好多天没回家的阿布列林瘦得脱了形,家人都心疼得掉下了眼泪。他却乐融融地说:"上受组织重托,下对群众承诺,我别无选择,这不,还获得了三等功嘛,值了!"

阿不力米提说,老师阿布列林是那种把工作当生命,把事业当生命,时刻把公仆的责任印在心上的司法干部。

要办成精品案件,就意味着要多付出。阿不力米提记得,有一回跟老师去一个偏僻地域办案,两人披星戴月步行赶路,鞋子也跑烂了,还被两条大狼狗狂追,半夜三更差点丢掉了性命。可就是这样,一到目的地,阿布列林立即吃着馍喝着水投入工作,那种舍己为公的公仆情怀,探求就里的求实作风,深深打动了他的心。

从1979年到2010年退休,这位基层司法干部,从助理检察员到副检察长,从法院院长到三级高级法官,不管职务如何变动,他没有办过一起错案,更没有发生错捕、错诉,或无罪释放案件。所有经手的案件,均做到了事实清楚,证据确凿,定性准确。

光阴荏苒,已退休的阿布列林时常在心里与焦裕禄对话:"焦书记,我一生没办过什么惊天动地的大案,但却一直以你为标杆,时刻谨记自己的公仆身份,以德为先、以诚为本、以善为道做人做事,这一辈子也算无憾了。"

袜子补了又补,他却说,跟贫下中农比一比,咱穿得就不错了;孩子看戏没票被放行,他如数送还票钱……当年,耳闻目睹了焦裕禄的生活细节后,这位时代先锋艰苦朴素、廉洁奉公、"任何时候都不搞特殊化"的道德情操,深深激发了阿布列林的心灵共鸣。

"现在回想起来,年轻时代对我产生至关重要影响的是焦裕禄。"阿布列林形容当年去祭拜焦裕禄是"一次无法比拟的心灵朝圣之旅"。

"阿布列林无情。面对说情和压力,他从来只有一句话,我只认法律,不认面子。"哈密地区人民法院刑庭庭长帕提古丽·排祖拉说。

1990年年初,因涉嫌盗窃,阿布列林的一个亲戚被拘捕了,案件移送到了检察院。一天,阿布列林的一位表姐找上门,用眼泪哀求阿布列林"高抬贵手,把案子翻过来"。

"我要是放了亲戚,等于知法犯法,把自己送进监狱。"阿布列林回绝了表姐,亲戚最终被依法判处有期徒刑两年六个月。

在哈密地区中级人民法院原纪检组组长王国利的记忆中,阿布列林一生都没办过"人情案"、"关系案"、"金钱案",碰到有人在办案过程中送礼送钱,他要么拒绝,要么把东西上交到单位。

为了缓解自家住房紧张的问题,从20世纪80年代,阿布列林就筹划着盖两间平房。按理,他在哈密市生活了几十年,亲戚、朋友、熟人多了去了,他又一直在领导岗位,办这件事简直易如反掌。

可恰恰是这件小事,因为他不肯动用关系,拖了整整8年,才一点一点买材料,用自己的劳动所得盖起了平房。

"一是一,二是二,人情再大也大不过国法,违法乱纪的事我不能做。"在被很多人认为是"死脑筋"后,阿布列林甩下这么一句话。

阿布列林也有情。汉族同事去世了,他去坟上祭拜;碰到孤寡老人和失学孩童,他会主动捐款。

在检察院和法院工作的30多年时间里,全国优秀检察干部、自治区先进工作者……阿布列林获得的荣誉很多,但他戒骄戒躁,想方设法把自己一身的业务知识,毫无保留地用于"传帮带",一大批司法干部在他的影响下脱颖而出。

"高尚的道德情操是超越时空的,绝不会因为时间流逝而黯然失色。"阿布列林至今仍时常拿出当年与焦裕禄家人的合影，在心中缅怀焦裕禄。

在他心里，焦裕禄声声叮咛如响耳畔，件件往事犹在眼前，他短暂一生所彰显的道德情操，会永久地照亮自己今后人生奋进的道路和前进的方向。

火海勇士
——乌鲁木齐市公安消防支队五中队汪澜

汪澜

瘦小的个头儿，稍微有些黝黑的脸，普通话里带着四川乡音，他是乌鲁木齐市中亚南路消防中队的汪澜。提起汪澜，大伙肯定会记起2006年的南山救援，2008年的德汇火灾，在这些现场，都有他的身影。

汪澜1983年出生，1997年汪澜正好职业高中毕业，12月，新疆消防部队接兵干部来到四川内江招兵，得知消息的汪澜异常激动，他背着家人跑进了当地武装部大院。

"我要报名参军。"瘦瘦小小的汪澜见人就喊，当时负责接兵的干部看着个头只有1.65米的汪澜，质疑地说："你才多大呀？""我到18岁了。"汪澜说，当时他因为心虚，声音很小，其实那时他只有16岁。

接兵干部见汪澜非常瘦弱，明白地告诉他：参军规定，体重不得低于50公斤。而当时汪澜却只有47公斤，然而他却自信地说："没问题。"体检称体重之前，汪澜狂喝矿泉水，一口气喝了三瓶，指针摇摇摆摆地停在了50公斤的档上。

刚当消防兵时，因为个头儿小，训练时怕落在别人后面，他每天早起晚睡加强训练。让他记忆最深的是双杠训练。为了练双杠，他的手都磨出了泡，脱了几层皮，但他坚持训练，从不退缩，就是凭着这股苦练的劲儿，个头不占优势的他训练取得了好成绩。

在新兵连，汪澜是最小最瘦的，由于有两年"少年军校"的基础，他的队列走得很好，但体能训练，如杠铃、举重等，他总是排在倒数。他就加班加点，加强训练，晚上战友们都睡了,他就做俯卧撑,早上绑着沙袋跑步。

来到消防中队参与了几场火灾扑救后,他才意识到当一名消防兵的危险。他说,当时他真有点儿怕了,但他想,别人能做自己也一定行。

"训练越扎实,危险环境下存活的概率就越大。"队长的话让汪澜看到了努力的方向,汪澜说,一次他们进行二截梯训练,一名战友负责将梯子拉开,并稳固搭在训练塔的二楼,他负责爬梯上楼,但他总觉得爬不好,身体别扭,于是每天中午,在战友们睡午觉时,他就一个人拿着梯子练,直到能够灵活、顺利抛梯、爬梯上到11层高的训练塔塔顶。此时全中队这个训练项目最快速度纪录是15.2秒,很久都没人突破,汪澜站在一边观察,他认为每次转身的时间可以再缩短,于是他反复训练,终于打破了中队纪录,以14.7秒的时间完成了该项目。

汪澜第一次出警是1999年3月的一天。当天下午,他们接到报警,称一家超市发生火灾,店老板困在店内。"接到命令后我紧张得不知道干啥,穿上消防服就跳上了车。在队长的指挥下,店老板被救了出来,火也被扑灭了。收队时,队长走到我跟前,指着我的衣服说,你的消防服穿错了,背带还在外面呢。"这时,汪澜才注意到,他的衣服背带没系好。

让汪澜感动的是,他们撤离时,超市老板眼含热泪地说:"不是你们救助,我就没命了,谢谢。"这番话让汪澜深深地懂得,救火如救命。

2006年的南山救援也是汪澜记忆里抹不去的片段。当时,汪澜在乌鲁木齐市消防特勤二中队服役。

2006年10月3日7时许,汪澜所在中队接到消息,一名徒步爱好者在南山羊圈沟坠下悬崖,生命危在旦夕,急需救援。原来,2006年10月2日,市民王先生和两位朋友,一起到南山徒步探险。翻过了几座山后,眼看就还有最高的一座山,就抵达终点了,王先生的两位朋友攀不动了，决定原路返回，可王先生不忍放弃，于是独自攀登，没想到，登顶后，返回途中，王先生竟迷路了。

王先生想顺着沟渠走出去，却掉下了悬崖，悬崖深约70余米，王先生掉到了悬崖中间的平台上，腰被扭伤。因时间紧急，汪澜和战友们带上工具，每人拿着两瓶水就出发了。8时许，汪澜和战友赶到羊圈沟，据当地牧民说，他们还得徒步翻越3座山才能到达事发地点。

时间不等人，汪澜和战友立即出发。大家在布满碎石和树枝的路上摸索前行，小跑了4个多小时才翻越了第一个山头。此时，120救援人员及媒体记者已被远远抛在后面，只有他和3名战友冲在最前面。他们感到身上的装备越来越重，但为尽快赶路，汪澜把一瓶水留在了路上。

汪澜说："跑到第二个山头时，身子像散了架，我们个个汗流浃背，严重缺水，大家只好喝小溪里的水解渴。"

当天13时，他们终于找到被困的徒步爱好者，经简单包扎，汪澜负责将躯体固定气囊和多功能担架背在身上，顺着救援绳索滑到悬崖中间的平台上救人。由于悬崖有多处凸起，汪澜在滑的过程中，膝盖不慎顶到了石头上，流血不止。随后又下来两人，与汪澜一起将被困者用躯体固定气囊和多功能担架固定，在崖上战友的协助下，用了1小时才将被困者拖到崖上。然后，他们抬着被困人员返回。"我也不知道走了多长时间，最后天黑时，到了山脚下，我的腿都没感觉了，脑子一片空白。"汪澜说，此时他才发现，衣服和靴子都破了。后来，等在山下的救援人员告诉他，他们走了12个小时。

"这起救援，可以说是我参加抢险救援以来难度最大、最累的一次。"王澜说，一天没吃饭，只喝了少量的水，救完后，大家的嗓子都好像破了一样，水都难以下咽。

2008年的德汇火灾同样让汪澜记忆犹新。"我的3名战友在战斗中牺牲，而进入火场时,我们还相互鼓励。"汪澜说。

德汇发生火灾时,汪澜所在的特勤二中队肩负着灭火的主要任务。为了不让大火蔓延到德汇大酒店,汪澜和3名战友负责阻止火势蔓延。"火势太猛了,温度很高,每前进一步都需要几十分钟,而我们的眼前除了大火就是黑烟,我们被大火烤得口渴,就喝水枪里的水。"汪澜说,"那是我遇到的最大的火灾,现在想起来还有些后怕,但参加救援我不后悔。"

汪澜的战友刘庆辉说:"大火扑灭后,汪澜瘦了一圈,身体都虚脱了。"

在危险关头从不退缩的汪澜,感情上却务实而又认真。说起感情的事儿,汪澜几次脸红,经记者再三追问,他才透露了一点儿信息。

汪澜说,2002年前后,他在四川老家认识了一个漂亮女孩,听了汪澜的传奇故事后,女孩被深深感动了,而女孩的文静、朴实也深深地吸引了汪澜。一来二往,两人确定了恋爱关系,一度到了谈婚论嫁的地步。

此后,女孩带汪澜到老家绵阳探亲,女孩的父母见到文质彬彬的汪澜,非常高兴。但听到汪澜只是一名普通士官时,女孩的父母不吭声了。"后来我才知道,她父母不同意我们的婚事。"汪澜说,从那以后,女孩不愿意接汪澜的电话,原来是女孩的父母嫌汪澜没职务,工资低。

听了这话,汪澜好几天都提不起精神,最后在战友的劝说下才慢慢好起来。

提升为中队长助理后,中队领导也鼓励他找对象。2010年,汪澜的亲戚又给他介绍了一个女孩,女孩聪明、能干。"我们两人都很喜欢对方,家人也没意见,等有条件了,我们就结婚。"汪澜说着,脸又红了。

13年来,汪澜经历了大大小小的火灾2500余次,解救遇难遇险群众160人。而2005年"5·13"新疆红雁池电厂特大爆炸火灾、2006年"5·8"新疆建筑机械厂仓库

乌鲁木齐市区

火灾和2008年"1·2"新疆德汇国际广场特大火灾，都是他永远无法忘记的。汪澜庆幸地说："每一次，都是就差那么一点点，命就没了。"

2005年5月13日15:39，乌鲁木齐市红雁池第二发电厂两个1000立方米的重质柴油储存罐发生爆炸并起火。整个罐区被熊熊烈火包围，火焰冲天，整个电厂都被笼罩在高达数十米的浓浓黑烟下，且埋于地下的油路管线也因受高温影响不断发生爆炸，情况十分危急。

接到报警迅速赶到爆炸现场的消防官兵只能在外围进行灭火，火焰太大，无法进入火灾中心事故点。这时，电厂工作人员说，距离油泵房25米的地方有一个泡沫泵固定消防设施，只要启动泡沫泵，喷出的泡沫就可以覆盖火灾中心区域。而启动泡沫泵要经过随时都有可能发生爆炸的油泵房，再穿过火区方能到达，非常危险。

就在这时，汪澜大声说："我去，你们掩护……"于是，汪澜和另一名战友拿着泡沫水枪，就开始慢慢向油泵房靠近，其他战友们向他们身上喷水掩护。

行进中，汪澜看到油泵房附近有一个1米宽的正方形井口，井口向上不断喷出七八米高的火焰，不灭这个井口的火，他们就无法穿越油泵房。于是他们用泡沫水枪猛喷，4分钟后，终于将井内的火扑灭。

但他们不知道，在这个井口的前方还有井口，而井与井之间又是相通的，就在他们转身准备继续前行时，该井口内的油蒸气受到其他井内高温影响，突然发生了爆炸。爆炸点距离汪澜他们只有1.3米左右的距离，汪澜本能地将身后的战友按倒在身旁。"水泥、石块像雨点一样砸在我们身上。"汪澜说。在远处掩护他们的战友，以为他们牺牲了，没想到，过了一会儿，汪澜他们又站了起来，继续向前推进。

一般情况下，闪爆过一次的地方，在一段时间内是不会发生二次闪爆的。"我们必须利用这个间隙启动泡沫泵。"汪澜说。

最后证明，正是泡沫泵固定灭火系统对控制整个火势，并最终成功灭火起到了关键的作用。火灾扑灭后，汪澜被授予了个人二等功。

而"5·8"新疆建筑机械厂仓库火灾、"1·2"新疆德汇国际广场特大火灾，这两场大火，对于汪澜来说，灭得最为悲痛，因为这两起火灾一连夺走了4名与他并肩作战的亲密战友。德汇火灾，他作为8名敢死队员中一员，奉命堵截火势向国贸大厦蔓延，一连战斗了20多个小时，他说："我们进去了就不知道能不能出来。"

当记者问灭火时怕不怕时，他说："都是人，哪有不怕的。只是我们的怕是灭完火后的后怕。"汪澜说，有好多次他从火场出来后，都不禁打个寒战，很多次离死亡就一步之遥。

工作这么多年，王澜觉得最对不起的就是父母，不能床前尽孝不说，婚姻还得让父母操心。正是怀着对父母的歉疚，王澜只要看到无依无靠或需要帮助的老人，总是像对父母一样去"尽孝"，而受他帮助的老人对他也像对儿子一样亲。

2012年的春节，汪澜依然没有回家，他已经连续15年没有和父母一起过年了。"很想与爸妈一起吃顿年夜饭。"汪澜说。每年春节都是火灾高发期，汪澜必须同战友们坚守岗位，时刻为可能发生的火患做好准备。

汪澜的父母深知消防工作的危险，曾多次劝说儿子尽早转业。很久以前，他们就养成习惯，每天关注新疆的新闻，一旦听说哪里着火了，就立即给汪澜打电话，问他是否参加了救援，有没有遇到危险。然而，汪澜从未想过放弃消防事业，他向父母保证，一定会保护好自己。

汪澜一共获得20多枚勋章，具体的数字他没仔细数过。在汪澜看来，荣誉都是过去的成绩，人不能躺在功劳簿上故步自封，更不能骄傲自大。如今，汪澜立功多次，并获得了"优秀消防卫士"、"训练尖兵"、"优秀建设者"、"感动新疆十大人物"、"十大杰出消防卫士"等光荣称号。面对诸多荣誉，汪澜依旧冲在消防前沿。

汪澜甘愿奋战在消防一线的目的很简单："努力工作，探索出先进的救援方法，将好经验告诉别人，在灾害中救更多的人。"

"宝剑锋从磨砺出，梅花香自苦寒来。"汪澜同志的业务成绩突飞猛进，在每年举行的业务竞赛中，总能取得非常优异的成绩，为支队、中队争得荣誉。2006年在总队组织的特勤业务大比武中他带领战友们取得了3个班科目第一、中队团体总分第一名的好成绩；2007年运动会上取得了个人第6的名次。

把人民的生命财产安全看得比自己的生命还重，当群众的利益受到火灾威胁时，他敢于挺身而出、勇斗火魔；当人民的生命财产受到火魔侵害时，他敢于勇往直前、舍生忘死。他说："既然选择了消防兵这个职业，就要坚决做好人民生命财产安全的守护神。"他是这样说的也是这样做的。他以大无畏的英雄精神只身进入油罐，以实际行动谱写了一曲惊天动地的时代赞歌。

汪澜不但是一个消防英雄，而且是一个助人为乐的时代典型。2000年初，汪澜得知中队营区附近有位90岁的孤寡老人藏凤贤无依无靠、生活不便的情况后，主动承担起了照顾老人的义务,长期为老人买粮、买菜、换液化气罐、清扫院子。驻地的百姓们都说藏凤贤老人有个当消防兵的好孙子。2006年2月藏奶奶心脏病发作,送到医院,医生摇了摇头:"别住院了,能吃点啥就吃点啥吧!"敏感的老人始终沉默不语。汪澜生怕老人出事,守护在老人身边,整整一夜没合眼,不停地伸手去摸老人的体温和鼻息,生怕万一夜里有个三长两短。天一亮,汪澜忙着做饭,给老人洗手、喂饭、买药、煎药、陪老人聊天,经过一段时间的悉心照料,老人的病奇迹般地好转了。事后,藏凤贤老人逢人便说:"我不怕死,按理说我早应该没命了,小汪孙子对我这么好!就是亲生儿女,有几个能这样?"汪澜让一位孤寡老人真正感受到了社会主义大家庭亲人般的温暖。

没有上成大学的汪澜,深知教育对一个人的成长和发展非常重要,尤其是少年儿童,他们是国家的未来和希望,而现在却还有一些可爱的孩子们在濒临失学的边缘上挣扎……汪澜便有了资助失学儿童的爱心行动,先后资助了4名失学儿童。2006年5月,当得知新疆消防勇士魏宏文烈士家乡昌吉回族自治州吉木萨尔县北庭镇有多个孩子考上大学,因为贫困上不起时,他还带动特勤大队与共青团乌鲁木齐市委共同设立了"爱心助学奖学金",每年捐资20000余元资助烈士家乡失学孩子,3名大学生重返校园。

2008年12月由新华网、人民网、中国消防网等百家网站联合举办的"百家网站评选消防英雄"活动中,汪澜在人民群众175万票的支持声中光荣当选。一位网友在评价汪澜时这样写道:"舍生忘死,拯救人民于危难,英雄!百折不挠,勇敢面对人生,英雄!热爱事业,奉献爱与青春,英雄!"

汪澜就是这样在平凡的岗位上,十年如一日,舍小家、顾大家,立足本职,敬业奉献,无私无畏,一直默默地在本职工作岗位上奉献着,出色地完成了党和人民交给的各项工作任务。他没有丝毫怨言,没有丝毫后悔,有的只是对工作的痴迷和对亲人的愧疚。汪澜知道自己只是一名普通的消防兵,未来的路还很长,很长……

汪澜在自己的笔记本上写道："消防官兵们无悔于血与火的洗礼,无悔于生与死的考验,是因为这身橄榄绿的军装,是因为对祖国无限的忠诚,对人民的执著和真爱。"群众利益无小事,点点滴滴总关情。多年来,汪澜始终视群众为父母,把驻地当故乡,用真诚捧出了一腔胜似亲人般的赤子情怀。

杰恩斯别克和马班邮路
——阿勒泰地区哈巴河县邮递员杰恩斯别克·木合买提

■ 杰恩斯别克·木合买提

在大多数人的印象里，乡村邮递员都是身穿绿衣，背着大邮包或走路，或骑自行车挨家挨户投递邮件。在新疆最西北端的阿勒泰地区哈巴河县，有一条人们并不熟悉的邮路，在没有柏油路的年代，这里的居民都会步行或让马帮传递消息，这条邮路连绵的山峰，崎岖的道路，曾经让很多人望而却步。在漫长的几十年间，当地的邮递员们也只能依靠马匹驮着信件长途跋涉，因此，这条邮路被称为"马班邮路"。

提起马班邮路，当地的乡亲们总忘不了一个乡邮员，他就是哈巴河县哈萨克族邮递员杰恩斯别克·木合买提。杰恩斯别克今年51岁，他从事邮政投递工作已经32年了，其中的7年是在马班邮路上度过的。

铁热克提乡位于哈巴河县城以北77公里处，阿尔泰山脉以南，哈巴河上游东岸山区地带，平均海拔1072米。哈萨克族占总人口的80.3%。铁热克，哈萨克语是杨树的意思，这个乡因为生长杨树而得名。夏季这里山色秀丽，凉爽宜人。冬季，这里望不到边的皑皑白雪和连绵山峰，让人望路兴叹。

铁热克提乡阿克布拉克村牧民金恩斯古丽向记者介绍乡里没有通柏油路的情景时说："这个地方叫艾米山，经常刮风把路堵掉，第二天路走不成，出不去。路上雪深得很呀，有时候两米深。冬天这个地方的人不下去，白天最好的马也是八个小时、十个小时翻几个山，这里的条件差啊。"

哈巴河 白沙湖

杰恩斯别克在18岁那年，接替父亲的班，到哈巴河县邮政局当了一名投递员。以前，铁热克提乡每个月会定期派人到县城取邮件，1993年，取邮件的人不干了，没办法，哈巴河县邮政局就派杰恩斯别克去铁热克提乡送邮件。当时县邮政局给杰恩斯别克配备了两匹马，让他路上轮换着用。走在崎岖的羊肠小道上，杰恩斯别克成了一名马班邮路上的乡邮员。

山中邮路非常难走，每次杰恩斯别克沿途要翻爬近10个山岭。到了冬天，马班邮路气候条件恶劣，每年有180天左右交通堵塞。每逢冬季来临，这里雪大寒冷，最低气温可达零下48℃，积雪可达两米多深。山里泉眼多，泉水淌到哪里，哪里就是冰溜子，路面上也会形成光滑的冰坡，没有钉上铁马掌的马匹根本不敢走上去。路只有一条羊肠小道，大多数都是一边靠山，一边临着深渊，骑马进山随时有生命危险。

冬天，杰恩斯别克每次出门都要穿上厚厚的毡筒靴，骑一匹马，再牵一匹马拉爬犁，备足馕和热水，冒着严寒上路。运气不好遇到大雪封路，他只能就近找个牧民家借宿一晚，实在找不到借宿的地方，只有在雪地里过一夜。杰恩斯别克的同事哈布力回忆说："有一次，他投递到铁热克，第一天没有回来，第二天我们问他们家他还没有回来，单位安排我们

杰恩斯别克和马班邮路

阿肯弹唱会上

两个人去找他,第三天我们把杰恩斯别克接上,我们问他这两天咋回事,以前没有发生过这样的事情,杰恩斯别克说主要是他那个马累得很,走不动,不舒服。杰恩斯别克也是累了一天,他情况也不太好,一天也没有吃饭。"

在孤寂的马蹄声中,杰恩斯别克日复一日,年复一年,在这条漫长的马班邮路上,孤独跋涉了整整7个年头,行程12万多公里,从来没有漏投过一个邮件。在乡亲们眼里,杰恩斯别克就是自己的亲人,自己缺什么东西或者需要什么东西,都会告诉杰恩斯别克,请他帮忙带上来。提起小时候见到杰恩斯别克的场景,阿克布拉克村教学点的老师莎依拉记忆犹新。

莎依拉说:"村里的小孩啊一见到他就围上来,围着他团团转,盼望他带点吃的嘛!杰恩斯别克给我们吃的以后,我们就高兴得不得了,装到口袋里拉着他的手往家跑,村里的人都是这样子嘛!有一次他带了一小盒巧克力,又带了一个铅笔刀,像个房子的那种,前面还带了一个小鸭子呢,我可喜欢了。"

1998年的冬天,杰恩斯别克到铁热克提乡阿克布拉克村投递邮件,遇到牧民金恩斯

弹唱的少女

古丽的儿子加那提生病，一家人急得团团转。看到孩子难受的样子，杰恩斯别克当时也顾不上吃饭和休息，套好马爬犁连夜拉着金恩斯古丽母子下山。

金恩斯古丽说："那一天天气特别冷，风呼呼地刮着，天渐渐黑了。因为要翻几座山，两边都是白茫茫的雪，马也找不到路。雪太厚了，马陷进去都出不来。马出不来的时候，人就要把马爬犁子卸掉，然后使出吃奶的劲儿才能把马拉出来。马拉出来以后，再把马爬犁子又套上再走。因为三个人马根本拉不动，我儿子和我坐了爬犁，杰恩斯别克一路上就赶爬犁子走路。冬天那么冷，他满身都出汗了，脸上都是白霜，都看不出眼睛。他一晚上累得都走不了路了，脚上起了水泡，他两个手都肿了，红红的，冻坏了。到达哈巴河的时候，医生说要是第二天再来的话，孩子阑尾也都会烂了，做手术也不行了，肠子也都坏了，还好没有太晚。我一辈子也忘不了这件事，我儿子也忘不了。他说杰恩斯别克叔叔把我抢救过来了，要不然我没有命了。"

随着社会的发展和进步，公路慢慢修到铁热克提乡，1999年，铁热克提乡结束了马班邮路的历史。在与乡亲们的交往中，乡亲们把杰恩斯别克当亲人，杰恩斯别克也把乡亲们当作自己的亲人。2001年，杰恩斯别克离开铁热克提乡邮路，开始在县城担任邮递员，坐骑也由马换成了自行车。但他心里还是惦记铁热克提乡的乡亲。

杰恩斯别克和马班邮路

2008年10月,杰恩斯别克在邮局投递室看到一份寄往铁热克提乡的大学补录通知书,离开学报到的日子不到一个星期,杰恩斯别克非常着急,立即请示领导,请求当天亲自去送。得到批准后,杰恩斯别克在邮包里装好录取通知书就上路了。半夜到达后,他直奔阿尔汉木家,把通知书送到了考生加尔恒的手中。如今,加尔恒早已从中央民族大学毕业,在阿勒泰喀管委成了一名大学生村官。提起当年的往事,加尔恒说:"我们特别高兴啊,特别感激他,如果他半夜不把我的通知书送到这来,我可能不上大学了。其实他也完全可以打电话让我们自己去领,可是他考虑到暑假许多牧民们都在打草,也许不方便去领取,所以他亲自把通知书拿到我们家来了。其实我们家有六个孩子,我是最小的,我还有三个姐姐两个哥哥,他们通知书都是他亲手送来的。他也像一个大哥哥一样,在我生活方面、学习方面都给我鼓励。"

如今的杰恩斯别克已经上年纪了,工作环境比以前好了很多,他更加努力地工作。目前,杰恩斯别克每天要负责40多个单位1000多份报刊的投递任务,并且还要投送大量信件,不管投递任务多重,他始终风雨无阻地坚持准时将报刊、邮件、包裹送到客户手中,常常加班加点,提前做好准备工作。

哈巴河县邮政局局长余志侠说:"杰恩斯别克经常晚上加班加点,下班以后,杰恩斯别克还在外面进行投递,北京时间晚上11点的时候,我透过投递室的灯光下去一看,他还在那默默地工作。杰恩斯别克他们家庭在我们邮政局职工里面属于比较困难的,但是这么多年杰恩斯别克从来没向企业、领导提出任何要求。"

多年来,杰恩斯别克先后荣获自治区、地区级拾金不昧奖、先进工作者、劳动模范等荣誉称号。他说:"我爸爸也是这样子干的呢,我把我爸爸的班接了,我喜欢就这样子工作,为大家服务,认认真真地干好,一直干好。"

最美女村支书

——新疆和布克赛尔县达尔汗其·苏布特

■ 达尔汗其·苏布特

在新疆和布克赛尔蒙古自治县莫特格乡，听到达尔汗其·苏布特的名字，大家无不竖起大拇指。

今年41岁的达尔汗其·苏布特，蒙古族，中专文化程度，中共党员，1998年3月至今在塔城地区和布克赛尔县莫特格乡吉木沟村工作，是莫特格乡唯一一个女村支部书记。

这些天村里正在忙着接生小羊羔，她必须在那盯着，看看大家有什么需要，随时了解情况，避免出现流产羊羔的事，她说："作为牧业村，大伙一年的收入就看现在了，谁家的羊羔下得好，谁家今年的收成就好。"

村里今年81岁的哈萨克族孤寡老人卡克尔曼高血压犯了，是苏布特把老人送到了医院，苏布特总是抽时间去医院看老人，这两天老人的身体渐渐好转，一看到苏布特就高兴地喊"丫头来了"。

"老人一个人挺可怜的，我就经常去和她聊聊天，照顾照顾她。"卡克尔曼老人丈夫早逝，一双儿女又先后离去。苏布特就隔三岔五地去卡克尔曼家帮她洗衣，做饭，聊天。多年的照顾，卡克尔曼老人把苏布特当成了她自己的女儿，如果苏布特几天没来，卡克尔曼老人就主动去找她。

哈萨克族妇女革麦与丈夫离婚后带着3个孩子，面对一贫如洗的家和3个还在上学的孩子，苏布特主动帮助她，革麦说："苏书记从2004年至今帮我找棉农，安排我的吃住，

母亲和女儿

我每年光拾花就能挣上 8000 余元，平时只要有挣钱的机会，她总会第一个帮助我，感谢她对我无私的帮助。"今年，革麦终于在县城买了安居富民房。

"2011 年，因为没有房子，我带着孩子住到了苏布特书记家，一住就是一年半。可以说没有苏书记的帮助，就没有今天的我和孩子。苏书记不仅是我们全村人的好支书，更是我的好姐妹。"该村贫困户索德们·新巴依尔说。

"我就是本村人，村里就像我的娘家一样，我把大家当娘家人，我就是放牧家的丫头。"苏布特说。

"苏布特的护边工作干得真是实在！"提起苏布特护边的故事，乡边防派出所官兵及村民无不称赞。有着 11 年党龄的苏布特，义务担任边境线上的护边员已经 13 年。

吉木沟村位于哈萨克斯坦交界的边境线上，地形复杂，坡陡路险。懂蒙古、汉、哈萨克、维吾尔 4 个民族语言的苏布特，常年给驻守在这里的官兵义务担任信息员和巡边员。2010 年 3 月，她得知新来的边防官兵夜间外出巡逻，没有按时返回，通讯工具也联系不上，她主动请求带队前往边境线查看情况，并顺利将边防官兵带回营地。

2012 年 10 月，几个牧民打扮的陌生人骑着马赶着一群牛向边境地区游牧，正被她碰到，对方声称是自家的牛羊走失在这里，被敏锐的她发现破绽后，对方又对她进行利益

193

把爱刻在心上

牧道

诱惑，以5000元作为酬劳，被她断然拒绝，并与边防官兵一起抓获了犯罪嫌疑人。在了解情况后，她坚持连夜将偷盗的牛羊归还给牧民。她经常说："只有边境安宁、民族团结，我们各族群众才能过上幸福美满的生活。"

"忙惯了，也不觉得累，要是不忙的话，还没意思。"苏布特，作为一个女人当村支书，也有难的时候，"我最怕冬天，一下雪入不了户，到不了大家的身边，我就着急。"她笑着说，如果自己要是个男人工作起来很多事就会容易得多了。

2014年，莫特格乡开展群众路线教育实践活动，苏布特与下派的5名驻村干部挨家挨户深入冬窝子了解民情，发放群众路线教育宣传材料，收集梳理了牧民提出的发展养殖业等民情20余条，由于牧民居住比较分散，为了方便大家办事和了解学习党的相关惠民政策，她向莫特格乡党委建议，将村办公室设在自己的蒙古包里，并安装了远程教育设备，这样办公室就可以随着牧民转场而流动，极大地方便了各族牧民群众。她还主动学习了解相关法规，牧民群众走到哪里，她就把政策、法规宣传到哪里，让牧民党员群众能经常受教育、得实惠。

苏布特还邀请县畜牧兽医局的技术人员、养殖致富能手等到牧区进行授课，手把手教授现代牧业养殖和管理技术，宣传适合当地的优良畜牧品种，引导牧民群众进行品种改良和科学饲养，有效提升牧区畜牧业养殖水平。如今吉木沟村养殖户达30余户，建立了农家书屋和体育文化广场，成为和布克赛尔县村级发展特色乡。

2014年3月，吉木沟村干部每天与住村工作队一起入户走访，对群众提出的意见和建议，仔细记录、认真梳理。对村干部来说，群众的事情就是最大的事。现在群众对草场恢复和牧道建设两项工作存在的问题反映比较强烈，她计划和驻村干部一起尽快解决。对待群众工作，苏布特总是一丝不苟，竭力而为。吉木沟村有60户贫困户，去年县上将安居富民和扶贫项目整合，贫困户购买安居富民房每户补贴资金提高到8万元。为让村

和布克塞尔蒙古族江格尔演唱会

转场

里的贫困户享受到这一好政策,苏布特没少努力,最终申请到了 30 套安居富民房。

吉木沟村"两委"班子召开村民大会,除了向村民宣传"访民情惠民生聚民心"活动情况,苏布特还告诉村民一个好消息:村里 2012 年申请的扶贫项目获得了自治区批准;全村 60 户贫困户每户只需出资 1000 元至 3000 元钱就能购买到一头良种奶牛,扶贫项目可给每户贫困户补贴 1 万元。村民得知这一好消息后十分高兴,因为一头奶牛市场价最低也得五六千元,买回几头牛发展畜牧业,又拓宽了增收渠道。

吉木沟村作为一个牧业村,共有 100 多户村民,大部分都是贫困户,集体经济和村民个人收入都比较低。让村民脱贫,走上致富路成了苏布特最大的心愿。

"最少每家人要有 100 只羊,能买个车,过上现代化的日子,这就是我最大的心愿。"苏布特说,自己学历不高,很喜欢也很想干好这份工作,也有很多想法要去实现,她希望能在自己退休前培养一个能干的学历高的接班人,自己退休了也仍然可以和他一起干,哪怕自己不要工资也行。

苏布特这位朴实的蒙古族女子,用自己的实际行动彰显了一名党员为民务实的神圣责任。牧民最朴实、最讲实际,谁全心全意为他们谋发展,帮他们解决实际困难,他们就信赖谁、拥戴谁。苏布特多次获得县妇女先进个人、优秀党务工作者、五一劳动模范、三八红旗手、优秀共产党员等荣誉。2014 年,还入选了"新疆最美基层干部"荣誉称号。

舍生取义勇救落水少年
——全国优秀共青团员刘开瑾

■ 刘开瑾

刘开瑾是新疆新源县阿勒玛勒乡塔格尔布拉村人，2009年进入重庆信息技术职业学院，就读计算机网络技术专业。2010年暑假期间，为减轻父母供他上学的压力，刘开瑾放弃了回家的机会，来到安徽蚌埠打工。

事情发生在2010年7月15日。那天，12岁的小李与11岁的小荣吃完午饭后，相约来到蚌埠淮河公路桥下游泳。他们都不太会游泳，之所以敢下淮河，靠的是从楼道里找来的塑料泡沫。

14时左右，两人来到岸边，抱着塑料泡沫先后下了水。不料，由于桥墩下地形复杂，河水陡然变深、变急。小荣死死地抓住塑料泡沫，被湍急的河水冲到河中央，而小李没能抓住塑料泡沫，在水中挣扎几下后，眼看就要沉入水底。

刚到蚌埠、正坐在淮河岸边的刘开瑾见状，一边大喊"救人"，一边从水上捞起一块黑色漂浮物，甩向小李。

水流过急，漂浮物没能漂到小李身边。

见自己第一次施救未奏效，不会游泳的刘开瑾毅然跳入水中，把漂浮物用力推向小李。由于地形复杂，刘开瑾也坠入深水区。

瞬间，湍急的漩涡像一个巨大的黑洞，一下子将刘开瑾吸了进去。

此前，刘开瑾的呼喊引来了市民张戬，当时他正准备钓鱼。张戬迅速跑过来，另一名路人也赶到，两人跳入水中，合力将小李救出。随后，被河水冲出 200 米远的小荣，被赶到的渔船救起。

而此时，刘开瑾在水中已经完全没了踪影，只剩下他丢在岸边的一双白色运动鞋。

14 时 30 分左右，蚌埠市公安局接到报警后，迅速调集 20 多名警力赶往现场，在蚌埠市地方海事局的协助下，展开紧急搜救。

17 时左右，在当地渔民的帮助下，水上派出所民警在刘开瑾落水的地方，将其遗体打捞上岸，通过其随身携带的身份证确定了身份，并随即开展了善后工作。

闻讯赶到蚌埠的重庆信息技术职业学院常务副院长谢云波说，刘开瑾同学在学校学习期间，不仅能够严格要求自己，努力学习知识，而且生活勤俭节约，乐于帮助同学，在学校组织为玉树地震灾区、云南干旱灾区捐款时，他总是慷慨地将零花钱捐出来。在本学年"大学生德育考核"评比中，刘开瑾因表现突出而名列前茅。

原本绚丽多彩的青春，永远地停止了绽放。在亲人、老师、同学的口中，我们发现，一直乐于助人、甘于奉献的刘开瑾，早就为见义勇为的这一瞬间准备着。

大一下学期，刘开瑾被选为班上的生活委员。同班同学小王说，每次上课前，刘开瑾总是最先到教室，把黑板擦得干干净净，把粉笔头收拾得整整齐齐。每次班上搞什么活动，他也总是第一个到现场，做一些准备工作。

2010 年 3 月，学校组织健美操比赛，不少同学担心比赛前的训练会影响学习，不愿参加。刘开瑾主动站了出来。"在每天的训练中，刘开瑾总是一丝不苟地反复做每一个动作。"班主任老师刘金凤说，"给我印象最深的是，刘开瑾做什么事情都是主动的，不管是自己学习还是集体的事情。"

邱宗俊是班上的学习委员，在她的印象中，刘开瑾是一个沉默寡言的人，"他总是安安静静地做事情，不大爱说话，更不会说空话、废话。"但这个沉默寡言的同学，却给邱

把爱刻在心上

新源高山牧场

宗俊留下了很好的印象。

有一次，学校搞拓展训练，其中一个项目是集体翻越 8 米高的"精英墙"，每组 100 多人，要在规定时间内全部翻过去。而要翻越这么高的障碍物，就必须依靠集体的力量——搭人梯。刘开瑾主动跑到墙体下面，成为人梯的"基石"，让其他同学踩着他的肩膀翻越过去。

"这件事情给我很深的印象，感觉这个同学做事情总是为别人着想。"邱宗俊说。

在同学们眼中，刘开瑾具有西北人的直爽、大方，能和每一个人和睦相处。虽然他有些"闷"，但说起话来很有幽默感；放假返校时，他也会带回家乡的特产和室友们一起分享。

俗话说，做一件好事不难，难的是天天做好事，但刘开瑾做到了这点。同寝室的一名同学说，虽然自己的家庭并不富裕，但刘开瑾总是会在其他同学有困难的时候伸出援手，甚至是拿出自己的生活费。

刘开瑾的老家在新疆农村，父母靠打零工维持他和弟弟的学费。刘开瑾在大学期间从不乱花一分钱，也从不到外面吃饭，一直是在学校食堂打饭吃。他从不和别人攀比，同学们也很少见到他买新衣服穿、买零食吃。

玉树地震发生后，刘开瑾的口袋里只有 15 元钱，那是他当月最后的伙食费，但他毫不犹豫地捐出了 10 元钱。针对他的具体困难，学院多次要对其进行资助，他却表示："比我困难的同学还多，我就不给学校添麻烦了。"

刘开瑾是寝室里唯一没有电脑的同学，室友们在网上冲浪的时候，他经常独自坐在一边看书学习。有一次，因为投影室的设备出了问题，同学们以为不能正常上课了，就没有去教室，但刘开瑾去了。当任课老师走进教室时，看到的是他一个人在等老师上课。正因为有了这样的学习态度，刘开瑾的学习成绩一直在班上名列前茅。

任跃曾经与刘开瑾同班，又住同宿舍，回忆起他曾经与刘开瑾一同吃饭、睡觉，一起打篮球、玩扑克，一起探讨人生，并憧憬未来的日子，任跃说："他苦苦奋斗了这么多年，才上了一年大学，他还有大好的前程，可没想到就这样走了，我们真的感到悲痛。"

刘开瑾的高中班主任杜家伟对刘开瑾印象很深。刘开瑾数学成绩非常好，他对数学学习有困难的同学总是乐于帮助，对班里的劳动、老师安排的任务都积极主动完成，从无怨言。丁文峰与刘开瑾是小学和初中同学，两家又是邻居。丁文峰说，刘开瑾在班里不起眼，很安静、踏实，非常善良，但很有原则。就是因为他的善良，结交了好多朋友。比如，冬季扫雪，别的同学都去吃饭了，可他常常是干完活再去吃饭，等同学都回来了，他把活也干完了。

杜家伟说："平时默默无闻的他，竟然做出这样一件惊天动地的大事，这与他从小所受的教育和具有的优秀品质是分不开的。"

刘开瑾的小学班主任蔡瑞平和村里的邻居尹生业都说，刘开瑾心地太善良了。在他5岁时，见到比他更小的小孩掉进水沟里，他都会冲过去，把小孩拉上来。在他上初中时，见到马路中间站着个小孩，迎面来的车就要撞到小孩，他也奋不顾身地冲到马路中间抱走小孩。

在阿勒玛勒乡塔格尔布拉村，刘开瑾的妈妈陈玉霞闻听儿子牺牲的噩耗后，哭红了双眼。陈玉霞说："开瑾是我的儿子，他能做出这样的事，我能想到。"在老屋旁边，是一栋即将入住的新房，那还是去年夏天，刘开瑾和爸爸还有弟弟从打地基到吊顶，一块砖一片瓦砌起来的。

在刘开瑾的遗物中，学院发现了一份写于2010年3月16日但还没来得及上交的入党申请书。刘开瑾这样写道："升入大学以来，从学习环境、文化程度上都进入了我人生的一个新起点，从思想上我对自己也有了更进一步的要求，即争取早日加入到党组织中，

少数民族儿童

规范自己的行为,端正思想的航向。"

刘开瑾牺牲后,共青团中央追授他为"全国优秀共青团员",市教委追授他"重庆市见义勇为优秀大学生"荣誉称号,并请示教育部追授刘开瑾同学为"全国见义勇为优秀大学生"。蚌埠市见义勇为奖励基金会追授他为见义勇为英雄大学生。

追悼会上,刘开瑾母校的一位领导有一段话,让人动容:"有人说,不是每一朵花都能代表爱情,但是玫瑰做到了;有人说,不是每一种树都能耐住干渴,但是白杨做到了;有人说,不是每一个人都能舍生取义,但是刘开瑾做到了!"

家人和朋友都没想到,刘开瑾未满22岁的花样年华,就这样匆匆定格在大一暑假的旅途中。

"好男儿见义勇为写学子风骨,真英烈临危不惧塑青年英魂。"一位蚌埠市民特意为英雄刘开瑾题写了一副对联。

被救少年家长李培银一边不停地鞠躬,一边对刘生昌说:"哥哥,为了我的儿子,您的儿子献出了生命,我们无法表达谢意,只能希望你们以后生活得更好。"

"虽然我心里难受,但娃娃做的是件好事,希望你们也能回去教育孩子,向开瑾学习!"说完这句话,刘生昌与两位家长紧紧地拥抱在一起。

2010年7月27日下午,新源县举行了隆重的迎接刘开瑾英魂回故里仪式。

7月28日,对新源县各族人民来说是个沉重的日子,因为这天他们要安葬优秀大学生、新源人民的好儿子——刘开瑾。当日9时许,新源县四套班子领导、全县机关干部、刘开瑾母校的师生及全县各族群众自发来到新源县殡仪馆,他们都想送刘开瑾最后一程。殡仪馆内摆满了花圈,这些花圈除了昔日的亲朋好友和新源县领导送来的之外,还有许多是与刘开瑾一家素不相识的农牧民送来的。

10时13分,一直没有见到儿子的陈玉霞在亲人的搀扶下,哭着、踉跄着扑倒在殡仪馆内放置儿子骨灰盒的玻璃棺前。刘开瑾的父亲推开众人的搀扶,颤抖着双手抚摸着骨灰盒说:"再让我摸一摸儿子的身躯吧!"

刘开瑾虽然走了,但他的精神永远活在人民心中。

世间最亲的汉族丫头
——阿克苏市街道干部章华生

章华生并不精通维吾尔语,说话还带着浓重的江苏口音,但这丝毫不影响她成为社区维吾尔族孤寡老人的"汉族丫头"。最感动这个民族社区的是,她先后为80多位维吾尔族孤寡老人养老送终,24年悉心照料少数民族孤寡老人,成为社区孤寡老人心里最温暖的依靠。

115岁高龄的买买提·艾买提无儿无女,老伴也已80多岁。晚年的日子里只有章华生能让两位老人的眼睛突然闪亮起来。见记者对墙上贴着的电话号码好奇,买买提的老伴满脸的皱纹都漾起了笑意,"这是我们'汉族丫头'的电话,她写得大大的贴在墙上,什么时候都可以打电话找到她!"

原本躺在炕上的买买提·艾买提老人似乎听见我们在提"章华生"三个字,突然撑起身子示意老伴带记者到外面看看。原来,老人屋外的凉棚、炉子、栽种的无花果都是章华生置办的。

从1985年起,章华生就开始无微不至地照顾着两位老人,随着感情的加深,老人和章华生之间的称谓也不知不觉地变成了"大大""阿帕"(维吾尔语"爸爸""妈妈"),老人也改口"章干部"为"汉族丫头"。

"有时候她上班就提着肉、菜,中午过来给我们做抓饭,然后就在炕上眯一会儿再去上班,就像我们亲生女儿一个样。"买买提老人说,"你看我们家,什么都没有,丫头一

章华生和乡亲们

点不嫌弃我们，不嫌我们脏，和我们一起吃饭，一起……"

买买提·艾买提的老伴一边掉泪一边说："她为我们修房子、装电话。从1985年到现在，买买提已经犯过5次心脏病，次次都是'汉族丫头'送他去医院，救了他的命。她为我们两个花了好几万块钱啊！平时买面、买肉、买煤，出差回来给我们买衣服……亲生的儿女也比不过她！"

章华生工作的新疆阿克苏市红桥街道办事处共服务着8893户少数民族居民，其中下岗职工、贫困户就占到1562户。记者在社区走访时看到，几乎每位孤寡老人家中的床头和门边的墙上都贴着一张纸，上面用汉、维两种文字大大地写着章华生的名字和她办公室、家里电话以及手机的号码。

"电话都是章华生出钱装的，电话费也是她垫的，不管白天晚上，只要老人打电话，就能找到她，病了她会赶过来……"

年届九旬的维吾尔族老大爷艾尼·尼亚孜讲了一个故事：几年前，他突然病倒，高烧不退，迷迷糊糊地给"汉族丫头"打了个电话后，就失去了知觉。是章华生带着医生连夜赶到老人家里，还付了医药费，忙碌了一晚上。"哎呀，不好意思得很，半夜我拉了一床，丫头一点不嫌弃！给我擦洗，还打电话让她儿子送来新的被子、褥子和衣服给我换上……"

如今，在艾尼·尼亚孜老人的眼里，世间最亲的人，要数"汉族丫头"。

"身后事"是维吾尔族群众最看重的事情之一。艾尼·尼亚孜告诉记者,社区里的男男女女、老老少少都很喜欢章华生,更敬重章华生。"她心地特别善良,特别尊重少数民族习惯。这么多年,社区里面的孤寡老人一个个去世,后事几乎都是她出钱操办的。有章华生,大家心里感到特别踏实。"

年过半百的月然木·买买提大妈还没有从失去老伴的悲痛中缓和过来,她流着泪说:"我老伴生病、住院都是章书记忙里忙外,她垫了医疗费,还一直不告诉我是多少钱。后来老伴去世,章书记立刻赶到我家又给了我1000元钱,还买来了缠身的白布,还有大米、羊肉,帮助我们做'乃孜儿'(穆斯林葬礼)……她什么都不图,就是真心实意对我们好!"

与章华生共事的一名维吾尔族社区干部粗略算过,章华生在社区工作24年间,先后为辖区80多位孤寡、贫困的维吾尔族老人养老送终,并严格按照穆斯林的宗教习俗给故去的老人料理后事。

当地清真寺的伊玛木(教职人员)已不止一次看见这位汉族女同志帮忙抬着故去老人的遗体送到清真寺门前。"她所做的一切,安拉也会感激的。"

社区里的老人告诉记者:"章书记一直要看到最后安葬才会放心,而一些孤寡老人的墓地都是章书记自己掏钱买的。"

章华生说:"我把他们当作自己的亲人,他们也把我当作自己的女儿,我为他们办理后事是理所当然、名正言顺的。"

当记者与章华生穿行在红桥社区密如蛛网的小巷里时,不时会有维吾尔族居民远远跑来与她握手拥抱,如同亲人相见一般热烈真挚。"有的人说,你可要保重身体啊,我们可不能没有你。"

心里放着群众的章华生也被大家惦记着。2008年年底,常年操劳过度的她在上班途中突然晕倒在路上,被路人送到医院。"章书记生病"的消息迅速在红桥社区传开,社区

把爱刻在心上

■ 微笑是从内心涌出的

各族居民纷纷赶去探望。

据阿克苏人民医院医生护士回忆,来看望章书记的大多是维吾尔族群众,人们络绎不绝,最多的一天先后来了300多人。"虽然有些人经济条件不太好,手里捧着一个苹果、一个热馕、一个石榴,甚至端着半块西瓜来看章华生,但遗憾的是人太多了,不可能都让进去,那场面真让人感动!"

这种真情的回报是章华生用心换来的。在红桥社区附近的夜市上,有30多辆"红桥街道办事处就业扶贫专用车",身着统一服装的摊主以车为店,叫卖凉粉、馄饨等传统小吃,生意红火。

摊主热比汗告诉记者,她家是低保户,丈夫有残疾,章书记就给她家送来了摆夜市用的推车,还有统一的服装、桌椅,让她和社区里的30多户贫困家庭摆起了夜市。

但他们不知道的是,这笔钱是章华生2008年获得"最有爱心的好领导"荣誉后,阿克苏市委、市政府奖励她的1万元现金,她全部用在了帮扶辖区贫困户身上。

让热比汗等社区贫困户看在眼里、记在心上的是,每到冬天,章书记都会给他们和孤寡老人们的家里送来煤、面粉、大米、清油等生活必需品。一些孤寡老人和残疾人出门不方便,章华生和街道干部就推着小推车把这些东西和洗衣粉、牙膏牙刷、毛巾等日用品,还有棉毛裤、毛衣,挨门挨户地送到家里。

自从当上了街道干部后,为了帮扶贫困户的生活与就业,章华生先后动员社会力量捐款捐物约合25万元,她自己还出钱建立了"章华生扶贫帮困基金",带动社会各界关注社区,扶贫帮困。

24年间,她除了个人捐款8万多元外,还抵押了自家住房,为10多户贫困户担保贷款23万元,帮助他们开店做起小生意;她还组成了"红桥街道下岗人员建筑队",先后帮助350多人就业;为解决贫困户子女就业,她资助20多名待业在家的年轻人参加缝纫、

维吾尔族刀郎演唱

电器维修、电脑操作等技能培训，让他们走上就业之路。

如今，在章华生等街道干部的共同努力下，她所工作的民族社区多次荣获"全国和谐社区示范街道"、"全国敬老模范社区"、"全国和谐邻里建设示范街道"等荣誉，近5年来街道还连续被评为阿克苏地区"社会治安综合治理工作先进集体"称号。

章华生今年已经50多岁了，曾经有不少人问她：你做这些图个什么？值吗？章华生说，我什么都不图，我只不过做了自己应该做的事情，自己能够做的事情。章华生生病住院，多浪社区一位76岁的维吾尔族老妈妈要去看望她，又不知道她住在哪个医院，老人就一个医院一个医院地找，找了三天才找到她，当时章华生感动得哭了。有这么多亲人惦记她，章华生认为这是她人生中最大的幸福，她的所有付出都是值得的。

多年来，章华生深怀爱民之心，恪守为民之责，满怀深情地为各族群众办实事，被辖区各族居民群众称作"我们的贴心人"。

献身公益事业，爱心诠释美好
——巴州消防战士达林塔

■ 达林塔

达林塔，男，蒙古族，中共党员。现任巴州公安消防支队新闻宣传专职人员，少先队库尔勒市工作委员会委员，巴州蒙古族小学校外志愿辅导员，"一小步幸福"公益组织发起人。从孤儿到消防战士，从消防战士到公益人士，达林塔在出色完成本职工作的同时，用行动阐述着公益事业的伟大，用爱心诠释着人世间的美好。

达林塔从小生长在一个大家庭里，在家中排行老五，作为家中的一名养子，一个孤儿，他更懂得家庭对于一个孩子的重要意义。也许是父亲早逝，达林塔从小就懂得如何去关爱家人，如何通过自己的努力给别人更多的温暖。虽然他在记事不久就知道了自己的身世，但他没有因此而放弃生活的方向。2005年夏，他高中毕业后，为了不让养母因为大学学费而负债累累，他报名参军，成为一名光荣的消防战士。

2008年3月，达林塔无意间听说，巴州有社会儿童福利院。福利院里的孩子们有的是因为父母双亡、有的是因为先天智障、有的是因为父母遗弃被送到这里来抚养。因为福利院成立不久，需要社会爱心人士共同去抚养这里的孩子们，给孩子们温暖、幸福。和福利院孩子们有过相似经历的达林塔深知孩子们内心深处的感受。他当即来到巴州社会儿童福利院，助养了福利院孤儿张新怡。

起初，巴州社会儿童福利院院长黄艳清并不相信眼前这个年轻的小伙子能够承担起社会助养的责任，以为他只是心血来潮，但达林塔的坚持改变了她的看法。

把爱刻在心上

达林塔在工作中

　　为了能够唤起更多社会爱心人士对弱势群体的关心帮助，达林塔组建了"一小步幸福"计划公益群，组织号召身边的战友、朋友参与爱心公益事业。在达林塔的组织号召下已有十几个孤残儿童和一个贫困家庭受到帮助。

　　在担任巴州蒙古族小学校外志愿辅导员期间，他向学生讲授消防常识，让他们亲身体会到做好消防安全工作的重要性。他还积极引导小学生树立正确的世界观、人生观、价值观，通过他个人的努力做他们衣、食、住、行的贴心启蒙老师。

　　2009 年，他被授予"新疆维吾尔自治区十佳校外志愿辅导员"；2010 年 6 月，他作为新疆维吾尔自治区唯一一名现役官兵代表、全国消防部队唯一一名代表，赴京参加中国少年先锋队第六次全国代表大会。

　　达林塔说，到儿童福利院看望孩子们，他发现这些孩子孤寂的心灵更需要用爱心和行动来温暖。有着同样经历的他更能理解福利院的孩子们需要什么，他知道他曾收到的爱能传递下去了。

　　目前，达林塔已在这条公益道路上走了 4 年多，他发起的"一小步幸福"公益网，希望每人走出一小步，来成就更多孩子的幸福。在热心帮助福利院儿童的同时，达林塔也积极参与响应驻地公益事业。迄今为止，他已经在驻地为各族群众无偿献血 2600 毫升，

献身公益事业，爱心诠释美好

和孩子们在一起

相当于一个成年男子人体血液的一半还多。

入伍8年来，达林塔始终严格要求自己，在平凡的工作岗位，不断提高自身各方面的素质。达林塔不仅能"武"，要论起"文"也是毫不逊色。作为巴州消防支队对外宣传的通讯员，好文笔是基本功，而当出警时在危险面前，这个蒙古汉子的身影也总是出现在最前沿，为了拍摄更好的火灾画面，为了真实记录一线的战友，他用手中的摄影机和战友们一同烙下时代的印记。

不仅如此，达林塔手中的这把爱心火炬也被更多人一次次地传递着。而组织更多的人参与到这把爱心火炬的传递中，成了达林塔继续前行的目标。目前，达林塔发起的爱心团队成员从最初的4人壮大到70余人。

由达林塔助养巴州社会儿童福利院的14岁女孩张新怡说："对我而言，他就是我永远的亲人。"回忆起第一次见到达林塔的情景，张新怡说："一开始我感到很陌生，和他说话都低着头。但哥哥和姐姐每月都会来看我，给我带来很多东西，给我辅导功课，有时还会带我出去玩。是他们改变了我，我感到自己很幸运。"

16年前，刚出生不久的张新怡便被亲生父母遗弃，"张新怡"这个名字还是在巴州儿童社会福利院的大家庭里取的。认识达林塔后，两个原本素不相识的人就像真正的兄妹一样相处着。

"能拥有这样一位兵哥哥，心里别提有多高兴了，哥哥快要结婚了，我最近利用学习的空闲时间特意绣制了两个十字绣抱枕，要给哥哥一个惊喜。"张新怡悄悄地告诉记者。

说起达林塔的社会助养经历，还得从他幼年的经历说起，达林塔在家排行老五，从小被人收养。2005年，21岁的达林塔高中毕业后参军入伍，在焉耆县消防中队服役。2006年，因工作表现突出，达林塔转为志愿兵。2008年，达林塔调到巴州消防支队工作。在此期间，达林塔荣获了"公安消防部队优秀报道员"、"巴州五四青年奖章"、"巴州首

献身公益事业，爱心诠释美好

记录战友

蒙古族欢庆节日

届十佳消防卫士"等称号,并多次荣立个人三等功,获评优秀士兵、先进个人等多项荣誉。

除了帮助小新怡,达林塔逢年过节还会给福利院的其他孩子们送去衣物、食品和书籍等,他也因此被誉为了"巴州社会助养第一人"。

在消防部队服役期间,达林塔先后荣获"自治区奋斗的青春最美丽优秀青年典型人物代表"、"自治区优秀志愿者"、"自治州优秀团干部",两获公安部消防局颁发的"公安消防部队优秀报道员"、"巴州首届十佳消防卫士"、"巴州民族团结道德模范",三获新疆消防总队三等功,三获巴州消防支队三等功,多次获得优秀士兵、先进个人等多项荣誉;2012年,因宣传工作成绩突出,达林塔作为新疆消防部队唯一学员,进驻中国中央电视台进行为期4个月的系统化专业学习,并受到工作团队的一致认可。与此同时,中央人民广播电台、《新疆日报》、新疆电视台、兵团电视台、《巴州日报》等中央级、省部级、地州级主流媒体纷纷宣传报道了消防战士达林塔的先进事迹。

"这些荣誉是大家给的,对于我来说,最重要的是做好本职工作,为社会多做一些贡献。"达林塔说。

粉条大王闯市场
——吉木萨尔县北庭土豆粉制品加工农民专业合作社社长丁彦成

■丁彦成

说起土豆粉条，在昌吉回族自治州无人不知丁彦成加工制作的土豆粉条。丁彦成是吉木萨尔县大有乡上长山村的一位土生土长的农民，从20岁起就和土豆粉条加工结下了不解之缘。

他下定决心要拜一位拥有祖传技艺的回族老大爷为师，学习土豆粉条加工技术，但这位老大爷的祖传技艺不愿意随便传给外人，年轻的丁彦成无数次上门请求学艺，无偿给老大爷干粗活，老大爷被年轻的丁彦成矢志不渝的执著感动了，最终将祖传了几代的土豆粉条加工技术全部教给了他。

20多年过去了，丁彦成一直还在琢磨钻研土豆粉加工技术。成家立业后的丁彦成和爱人春天种土豆，冬天做粉条，不但自己家有好粉条吃，左邻右舍的乡亲们也沾了光。

后来人们口口相传，想吃丁彦成的粉条的人越来越多。但在山上要生产土豆粉条走进市场，交通不便，买的人也少，规模一直很小。为了扩大销量，让更多的人吃到他做的绿色劲道的土豆粉条，2003年丁彦成把家搬到吉木萨尔县，建立了自己的土豆粉条加工厂。随着时间的推移，整个昌吉回族自治州一传十，十传百，丁彦成制作的粉条名声大振，消费者叫它"丁粉条"。

每逢过年过节，丁粉条都是当地人争相购买的节日必备食品和馈赠佳品，还成为机关事业单位和企业发放福利最受欢迎的食品。昌吉人到乌鲁木齐开餐饮店，又把丁粉条

木垒胡杨

带到乌鲁木齐这个新疆最大的消费市场，建立了良好的口碑，使丁粉条在全疆供不应求。

2008年3月，在当地政府和供销合作社的帮助下，丁彦成发起成立了吉木萨尔县北庭土豆粉制品专业合作社，起初入社社员只有6名，注册资金26万元，丁彦成是合作社的理事长。现在合作社社员已发展到106名，资产达到186.6万元，流动资金达到28.82万元。

丁彦成参加了昌吉回族自治州供销社和州劳动局举办的农村经纪人创业培训班后，提升了他的经营管理理念，学会了怎样拓宽市场，如何扩大自己的企业，掌握了品牌战略和商标等现代企业管理知识。州劳动局的专家顾问把吉木萨尔县北庭土豆粉制品专业合作社作为典型案例进行剖析和归纳总结。

为了提高土豆粉条加工技术，丁彦成经常到粉条加工生产技术先进的省份学习考察，希望引进一些先进设备和生产技术。内地一些生产厂家看到丁彦成在新疆的良好声誉都十分愿意与他合作，将技术倾囊而授。

纯手工技术生产土豆粉条效率低，产量少，为了满足市场需求，工厂常常加班加点连轴转，大忙季节丁彦成经常几天几夜不合眼。无论多忙，多么辛苦，丁彦成对产品质量绝不含糊。去年十二月份，各地来了很多人订购他的粉条，有几家宾馆、酒店，一订

粉条大王闯市场

肥沃的土地

就要几百公斤，一天晚上四点多了，丁彦成到厂里巡视，他看到搅拌机里的土豆粉稠度不够而出来的粉条却很好。他就问员工："你们在这里面放了什么？"那个员工说："没办法，土豆粉和得太稀了，出不成粉条，我就放了点食用黏合剂。"没想到丁彦成大发雷霆："这要是卖给你们家你要吗？把这些全部倒了！"当时，所有的员工都愣住了，看着他怒气冲天的样子，只能照着他的话做。到了市场需求高峰季节，土豆粉原料告急，很多人建议将人工淀粉和土豆粉掺着用，还可以降低成本，他却坚定地说："我没有东西卖，也绝不使用人工淀粉，砸自己的牌子！"

实诚人自有好报，始终如一，纯纯的，绿色的，手工的丁粉条得到了消费者的高度认可和市场的良好回报，大大带动了当地马铃薯种植产业的发展，通过加工，提高了农产品的附加值，延长了产业链，增强了当地农民抵御市场风险的能力。当地政府积极协调，全方位扶持丁彦成带领的吉木萨尔县北庭土豆粉制品专业合作社。最近，合作社又投资80多万新建了一个分厂，其中政府扶持贷款20万元，厂房使用面积2000多平方米。可直接带动本县扩大8万亩马铃薯种植面积，近5000户农牧民增产增收。推动了地方特色农业经济，实现了产购销一条龙。2011年，吉木萨尔县马铃薯总产量达到22.4万吨，丁

秋天的麦田

彦成收购 3000 吨，加工淀粉 2800 吨，加工粉条 300 吨。

为了帮助更多的人，特别是少数民族群众就业，他把分厂建在城西石场沟哈萨克牧区。当地的哈萨克族牧民，半年放牧，冬天闲着没事干，人均收入较低。工厂生产土豆粉正是在十一、十二月份，可以大量使用冬闲的哈萨克族牧民，为他们增加收入。加工厂将在当地招聘几十名哈萨克、维吾尔族和回族村民进厂上班，建立5条传统手工土豆粉条生产线以提高产量，同时建立了原料仓库，加大土豆粉条原料储备，保证均衡生产，让当地的人一年四季都能吃到"丁粉条"。

学习了创业培训的丁彦成，在合作社实施品牌战略，开始申请注册"丁粉条"和"丁彦成土豆粉"商标，建立合作社的 VI 系统，在乌鲁木齐定做了系列的精美产品包装，打造他们自己的品牌。他领导的北庭农民专业合作社开始推行合作社加农户经营模式，年初向农户下订单，农户依据订单种植，由合作社提供优良薯种，提供技术咨询，年底合作社按照订单价格全部收购产品。帮助农民解决没钱买薯种，种出的马铃薯销售不利的困难。丁彦成不但自己致富，还带领更多的农民走上了致富之路，如今他的绿色粉条之路越走越宽。

现在提起丁彦成和他的土豆粉条，周边无人不知，无人不夸。北庭吉木萨尔土豆制品合作社得到当地工商局、卫生局、安检局等很多部门和政府的好评。丁粉条还参加了在北京农业展览馆举办的全国优质农产品展览会并获得金奖。每当人们夸赞他了不起时，他总是说："是现在的政策好啊！政府又是提供培训，又是提供贷款，多好啊，没有政府的大力扶持和帮助，企业哪能发展这么快啊！"

把心底最柔软的地方留给新疆

——新疆木垒哈萨克自治县政府办公室许晓艳

许晓艳

2005年，山东姑娘许晓艳大学毕业，她报名参加了大学生志愿服务西部计划，成为当年青岛农业大学西部志愿者中唯一的女生。在新疆昌吉回族自治州木垒县，她先后任照壁山乡远程专干、西吉尔镇远程专干、宣传文化站副站长、团委书记，同时兼任西吉尔镇的中学计算机教师。在那一年，她被一些人和一些事所感动。每个周末，她小小的宿舍都挤满了学生。这个学生怀里可能揣着一个烤土豆，那个学生破旧的书包里可能藏着一块蒸红薯。大家在她的小屋子热闹欢腾。很多学生都喊她姐姐，这样温暖的称呼，让她感觉到幸福。当姐姐照顾别人是幸福的，另外一种幸福是当妹妹被姐姐照顾。同宿舍的镇纪检书记盛书记一直把她当作妹妹，因为工作关系，许晓艳有时需要在县上留宿，每次都是直接去盛书记家，她家有晓艳的牙刷、拖鞋还有睡衣，这让许晓艳感觉到有家的归属感。做志愿者期间，她每次到村子里去都能引发一顿"争吵"，因为村民都会争着抢着让这个"山东来的孖丫头"去他们家吃饭。

在300多个志愿服务的日子里。许晓艳几乎每天都只是忙碌地穿梭于各村之间，或者被淹没在乡镇一些琐碎的事情里。可是，她认为志愿者的工作就是做一些最平凡的事情，并没有多少机会接受一些惊天动地的考验。所以她每一次都能尽善尽美地完成这些小事。服务期满后，与其他志愿者不同的是西吉尔镇专门另附了纸，写下了近700字的评语，而且以党委、政府双重盖章的形式对她近一年的志愿者服务工作给予高度肯定。

把心底最柔软的地方留给新疆

沙漠中的胡杨

在这一年的志愿工作中,最令许晓艳难忘的当属"远程专干"这份工作——"就是下村指导远程教育工作,教村里的电脑操作员操作电脑。"

对于木垒县偏远乡村的村干部而言,要学会使用电脑并非易事。连最简单的"双击鼠标"都要许晓艳手把手地教:"都是四五十岁的村干部,我得把着他们又黑又大的手,教他们怎么快速点击鼠标。"

木垒县地广人稀,村落之间距离很远,从乡镇政府到一个村子通常要一两个小时,因为没有交通工具,大多时候,她都是蹭乡亲们的摩托或者走着去。她笑言:"时间长了也就习惯了,其实也不远,就几公里。"

木垒地区淳朴的民风最让许晓艳动心。有个亲切地叫她"姐姐"的姑娘,很令她牵挂。

"去她家时,她交不起学费辍学在家两星期了。家里的羊也卖光了,全家一点儿收入来源都没有。"许晓艳把姑娘的情况在 TOM 网论坛上公布了出去,帖子发出的第 2 天,她就收到爱心人士打来的 1000 元捐款,"后来有人跟这个姑娘结了对子,一直供她上完大学。"如今,那个姑娘已大学毕业,并且留校当了助教。

此后,许晓艳又陆续为 6 名贫困学生找到愿意结对的爱心人士,这也成为她 4 年后再回木垒的必要条件之一:"木垒县委书记来淄博出差,我去见了一面,有朋友向他介绍了我过去的工作,他觉得我是真心喜欢木垒,所以愿意给我一个机会回去。"

223

"我过得很开心,这里远没有你们想象得那么苦。"每当被人问起新疆生活的点滴,许晓艳总是要大声解释,"县里刚修了两个大水库,用水比过去宽裕多了;马上要修高速了,全程高速后,从县里到昌吉回族自治州只要3小时车程;我们县未来的发展目标是天更蓝、水更清、山更绿,县里发展前景很好。"

"你只看到我表面的寒酸,却没看到我心底的光环。你有你的怀疑,我有我的坚持。你可以轻视我的付出,但未来会证明我的价值。志愿服务也许是场孤独的旅行,路上少不了质疑和嘲笑。那又怎样?哪怕遍体鳞伤,也要笑得漂亮。我们是西部计划志愿者,我们为自己代言。"2013年4月25日,许晓艳在"西部十周年巡回报告会"上演讲时的这一番开场白,引起现场来自80多所高校学生代表的热烈掌声。

许晓艳已经把西部情怀深深融入到自己的骨髓里,连自己的名字都解读为"许是许多人欢迎大家到新疆的许,晓是大家的共同努力正让西部志愿者这个名字家喻户晓的晓,艳是新疆的每一个角落都让人惊艳的艳。"许晓艳似乎注定着要和新疆有着一份不解之缘。

《新疆,等我》,这是许晓艳2004年写下的一篇文章。那时,她在青岛,一个"碧海蓝天、绿树红砖"的城市,一个很多人向往的地方。可她在文章中写道:"穿越层层风沙片片丛林,我已把心底最柔软的那个角落,留给了另一个地方。"是的,这个地方,就是新疆。

文中,她提及对新疆的千般深情万般向往。但实际上,那时她对新疆的感情还有些肤浅有些虚幻。毕竟,走出梦境,新疆于她,是个完全陌生的地方。跟许多人一样,提起新疆,她想到的,是偏远,是原始,是荒凉。纵使如此,她依然充满期待,依然坚定地表白:新疆,等我。

2005年7月25日晚,她到了木垒,开始了志愿者生活。她服务期间,恰逢团员先进性教育活动开展之际,西吉尔村代表木垒县接受了自治区的检查;每周至少下村一次指导远程教育工作,争取做到村级操作人员随叫随到,屯庄子村接受自治区检查并得到高

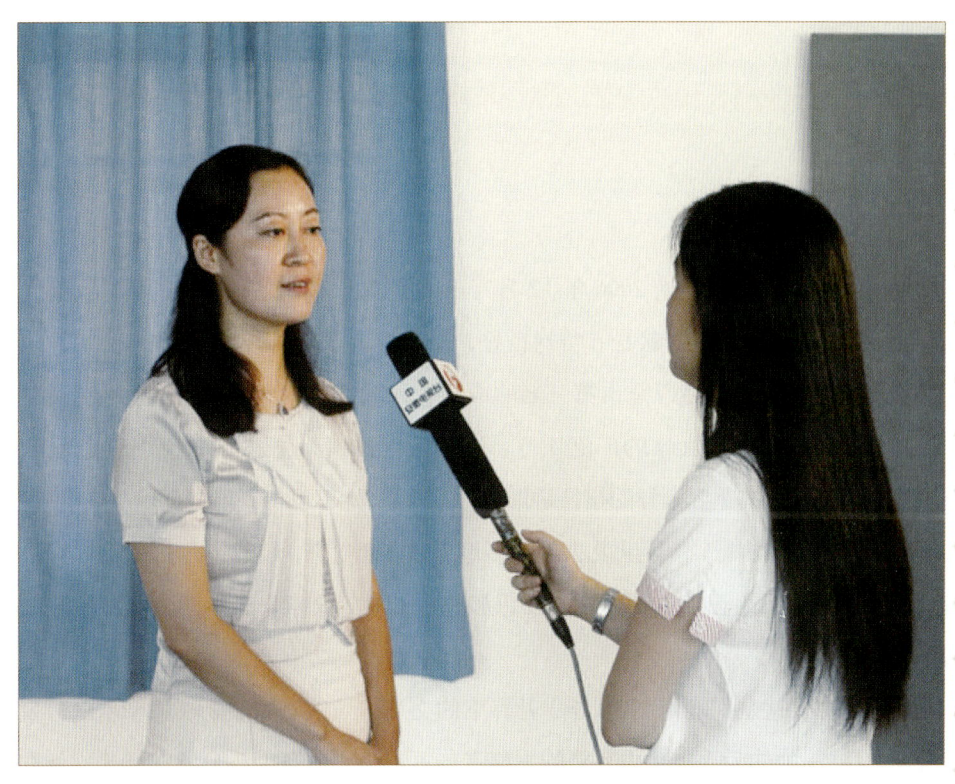

把心底最柔软的地方留给新疆

许晓艳接受采访

度评价；在对全镇贫困学生摸底调查的基础上，初步成立了"网罗阳光"爱心组织，为西吉尔镇 6 名贫困学生争取到长期救助，接受了来自全国各地的衣物、图书等实物捐赠；多次下村对先进人物典型事迹进行宣讲，多次代表镇、县参加各类比赛并取得优异成绩；发表数十篇"听，来自新疆的风"系列文章，加强对新疆的宣传，加深人们对新疆、对志愿者的了解。

不知不觉，到了 2006 年 7 月，300 多个日子在时间海岸渐行渐远。你可以说她那一年是平淡的，因为几乎每天她都只是忙碌地穿梭于各村之间，或被淹没在乡镇琐碎的事情里。可她本就是最平凡的志愿者，并没有多少机会经受一些惊天动地的考验，每天每月每年所遇到的，多是琐碎，把每点琐碎完成得尽善尽美，也是种成功。

其实早在 2006 年 3 月，她就毫不犹豫地递交了延期申请，谁知全疆"百县千乡"项目的 11 名志愿者直属团中央管理。因延期中间环节缺失，2006 年 7 月，她带着浓浓的不舍与留恋黯然离开新疆。

《想念新疆》，这是许晓艳2006年12月写下的文章，那时，她在山东淄博。有了让很多人羡慕的稳定工作，工作轻松，待遇良好，却依然对木垒念念不忘。

2006年9月底，许晓艳以全市第一名的成绩考入淄博市广电局。她出色地完成领导交付的各项工作，得到了大家的广泛认可，连续两年被评为先进工作者。因表现出色，还经常被借调负责一些重要领导的接待讲解工作。只是，她不可抑制地想念新疆惦念木垒。单位每年都组织几次旅行，南南北北去过许多地方后，她觉得，最美，还是木垒。这期间，她写下了《新疆，我比想象中爱你》、《我想那些孩子》等文章，表达对新疆对木垒的思念热爱之情。

《重回木垒》，这是许晓艳2010年3月写下的文章。被编辑修改为《情牵木垒》发表在《昌吉日报》。她的爱人也是山东籍的志愿者，本来两年服务期满已留在新疆。就在这时，待晓艳如家人的盛书记到山东出差，晓艳下班就直接赶去跟她见面，也见到了木垒县委要建军书记。要书记在多方了解她的情况专门召开会议研究后，向许晓艳发出了重回木垒的邀请。因割舍不下对这片神奇美丽土地的热爱，2010年年初，许晓艳做通父母家人工作，放弃山东的一切，重回木垒。她终于回到了日思夜想的木垒！又一次坐在济南到乌鲁木齐的火车上，她一直在想明代于谦的话："离家自是寻常事，报国惭无尺寸功。"回到木垒，她先在党办信息科，新的岗位，她几乎从零开始。可她相信，比起点更重要的，是加快速度。她严格要求自己，勤学多问，尽快适应并全身心投入新工作。在领导支持同事配合下，一年内上报信息797条，被采用182条；参与修改、校对了约110万字的文件材料；在疆内外报刊发表《牛筋面》、《木垒的春天》等散文稿、新闻稿数十篇。此外，多次代表县、州参加各类比赛均取得较好成绩。如在昌吉回族自治州首届导游电视大奖赛中获一等奖及全州导游最佳文采奖，在自治区民族团结演讲比赛中获优秀奖等。个人素质得到提高的同时，也较好地宣传推介了木垒县的各项工作。

因表现出色，回到木垒仅一年的许晓艳被组织推荐到白杨河乡任党委委员、组织干事。外人看来，从淄博市广电局到木垒县委办公室再到白杨河乡党委。她工作的地方越来越偏远，办公室越来越小。可实际上，他们看不到的是，她的舞台越来越大，她的脚步也越来越坚定。

很多人问许晓艳，木垒到底哪里好？面对这个问题，许晓艳竟不知从何说起。她想到十字路口那家凉皮店点上一份牛筋面慢慢找寻爱木垒的理由，她想从学校门口那个老奶奶手中接过一碗酸奶多加一些糖慢慢找寻爱木垒的理由，她想到那片空寂的旷野上偷偷在厚厚的雪地里打几个滚慢慢找寻爱木垒的理由，她想，走遍每一条小道穿越每一个小巷，细细找寻爱木垒的理由。可是，她知道，她终会失望。爱一个地方，如同爱一个人，哪需要什么理由。

"歌里唱得真好：你说不出她哪里好，可就是走遍天涯海角忘不了。"这是许晓艳2010年3月写下的文章《重回木垒》中的一段话，也就是这段话，让那些不懂许晓艳这个"傻姑娘"的人，心里的那份不解得到了释怀。

如今，许晓艳已经调到新户乡并被选为乡长。我们相信，许晓艳会更加努力，为了她挚爱的木垒劲跑。

杰米拉撑起盖买一片天
——伊宁县胡地亚于孜乡盖买村党支部书记、村委会主任李元敏

■李元敏

生在山东省牟平县，长在新疆伊宁县盖买村的李元敏，凭借苦干巧干加实干，硬是把一个"问题村"建成了先进村；把一个穷村建成了富裕村。村民们都亲切地称她"杰米拉"，就是美丽的意思。

"盖买盖买，喜根吉开买（维吾尔语音译）！"曾经，这是伊宁县胡地亚于孜乡各族群众熟知的一句话，意思就是"盖买盖买，谁都不来。"因为这里穷，这里的人懒，做买卖的都绕道……村"两委"班子软、经济发展慢，人心也是一盘散沙。有人开玩笑：再丑的大姑娘也不愿意嫁到这里来……

李元敏，生于山东省牟平县，长在盖买村。1965年，刚满周岁的李元敏随父母从山东牟平来到盖买村。6岁那年，村里一位叫米其达洪的维吾尔族农民听见其他小孩喊李元敏"哎"，觉得那样不太礼貌，于是给李元敏起了个维吾尔族名字——"杰米拉"，意为"美丽"。

盖买村共有880户3805口人，耕地6880亩，这是一个少数民族群众占总人口85%的村子。在村里，会写李元敏三个字的人并不多，但是提起"杰米拉"，无人不知无人不晓。如今，李元敏是村里的党支部书记、村委会主任，当年"软、慢、散"的盖买村在李元敏和村干部的努力下，旧貌换新颜：安居富民房建设热火朝天，随处可见拉运建材、汗滴摔八瓣、脸上却写满笑容的各族村民；江苏省南通市援建的村"两委"阵地已经启用，

院内平整,花草含笑;占地500平方米的农民俱乐部马上封顶,工地上人头攒动,井井有条。

2012年,伊宁县启动治村强村工程。其中很重要的一项,就是给村干部们涨工资。李元敏的丈夫韦纯礼告诉记者:"她现在的工资好像应该是1700多元吧!我一是不知道她什么时候发工资,二呢……我还真没看她往家拿过钱。"

钱都去哪儿了?到村里的买合布里赞·卡斯木老人家,她会跟你唠个没完。"好几年前的事了。我这腿脚不利落,整天在家里院子不是这儿躺就是那儿躺。一来二去,脊背上就长了疮,生疼。"买合布里赞说:"'杰米拉'来串门,看到我这情况,赶紧把我送到了伊宁城里治疗,我知道她当时就把钱掏了。回到村里,她请来医疗室大夫给我输液,没事就帮我清理脓疮。"老人的病是好了,花了多少钱,却没人知道。直到在村里听到越来越多情节相似、主角不同的故事,记者多少也清楚了点:李元敏工资不多,去处不少。

"没有'杰米拉'这3年的辛苦工作,就没有盖买村今天的变化!"这两句话,从两个不同民族的干部口中异口同声地说出。一个是盖买村村委会副主任塔伊尔·亚克亚;一个是三组组长、回族村民妥忠福。

妥忠福介绍说,盖买村被吉里格朗沟分成南北两部分,南岸有两个村民小组:六组、七组,共计100多户村民,出行极不方便。村民们出行不便,干部们去那两个小组工作同样不方便。"原先'杰米拉'有辆自行车,从一、三、五组落实完工作,要从G218线上骑自行车,绕道8公里多才能到。"妥忠福说的是前几年的事,"她本来就有糖尿病,治疗不规律不说,还因为长时间蹬车子,这小腿肿得很厉害。"现在的李元敏骑不了自行车,只能搭妥忠福和塔伊尔·亚克亚的摩托车走这8公里。

"3年了,每年春节我们维吾尔族干部值班,'杰米拉'也在。"塔伊尔·亚克亚感慨地说:"快50岁的女人,这样干工作!我们这些精壮汉子,不干都觉得臊得很。"站在一边的妥忠福也不禁连连点头。有必要提一句,塔伊尔·亚克亚是附近几个村子小有名气的生意

229

把爱刻在心上

■ 有家的地方就有温暖

230

人,妥忠福家中光跑运输的车就三辆,两人都不缺钱。跟着李元敏天天灰头土脸地忙工作,为啥?两人虽然说不清楚,却也心甘情愿。

旁人眼中,李元敏虽不是完人,却是好人;干部们心里,她不像女子,更像"疯子"。

"她是急性子、暴脾气,犟人一个,这样的人能干好村支书?"韦纯礼如是发问。李元敏从村党支部副书记、书记,到2012年高票当选村委会主任,家人从来就没觉得"正常"。

2010年之前,盖买村5年内换了5任党支部书记,其中不乏致富能手、养殖大户这样的当地能人。"有的出现了经济问题,有的是因为工作环境实在太复杂,直接撂挑子走人。"这些实际情况,伊宁县委基层办主任刘锦德也作了证明。

2010年七八月间,乡党委、政府干部连续6次来到李元敏家中,希望她出任村党支部副书记。"我家当时养了30头良种奶牛,正准备建能养5000只鸡的鸡舍,砖都订好了。"当时的李元敏却为是否干这个副书记夜不能寐:"我的同学、邻居韩雅孤到家里来串门,正和我老公在炕头上聊天。我当时神经兮兮地问了句:'不带私心就能干好村支书吧?'他俩愣了一会儿,就说:'肯定啊!'"也是因为这句话,2010年9月16日,李元敏走上了盖买村党支部副书记的岗位。

盖买村的情况,曾当了7年村委会委员的李元敏心知肚明。"上任没多久,我就踹门砸酒瓶子了……"2010年11月,李元敏在一次值班查岗时发现,一名带队干部和几个值班人员正在喝酒打牌,"桌子上有7个啤酒瓶,我一气之下给砸了个稀巴烂,一地玻璃碴儿。"李元敏正色告诉这几名干部,如果这样值班还不如不值,"不认真工作,趁早回家!"

等到李元敏转身出门,才发现村委会院子里很多群众在围观,"暴脾气"显露无遗,"砸酒瓶"事件也不胫而走。之后,雷厉风行的李元敏又接连清退了3名违规工作的村干部。要知道,当时村干部只不过五六个人。

李元敏说:"这几件事过后,再也没人敢在工作中胡来了。"大刀阔斧一番,作风扎实转变，实事接踵而来：新修 2 公里的防渗渠，纵贯村子南北走向的 9 公里砂石路今年还将延伸，500 多户村民喝上了甘洌的自来水……

2012 年，是盖买村"两委"换届的重要时间点。预选时，李元敏得到了 1630 张有效选票，高居第一。复选时，村里一些所谓的"老资格"们放出了消息："盖买得选出个合适的'村委会主任'，不选'杰米拉'！"当天就有人连夜走家串户进行"活动"。一大早发出的票箱，直到凌晨 2 点才收回来，这次李元敏虽然还是得票最多的，票数却只有 1280，票源"分流"了。

"2 月 8 日是最后一轮投票的日子，鹅毛大雪，但那天我这辈子都忘不了。"李元敏告诉记者："一大早，村委会院子里站得满满的，有村里的老干部、老党员，还有很多德高望重的老人。"这些老人民族不同，口音不一，意见却出奇的一致："我们要选能给村民办事的、愿意给村民办事的人当村委会主任！""我们到底要看看，谁在给'杰米拉'使绊子！"这样的声音，虽然不大，在人群中却显示出不同寻常的力量。

当天的票箱"回来"得出奇快，下午的结果也让村民们露出了满意的笑容：1628 票，李元敏当选盖买村村委会主任。"很多人在大雪里站了很久，只是为了这样一个结果。许多老人胡子上结满了霜花，拄拐的双手也在微微颤抖……我看到这一幕，眼泪止不住地流。"李元敏面向父老乡亲，深深地鞠了三个躬。谢了乡里乡亲，有了这份千金难换的信任，李元敏身上的担子也更重了。

盖买村有 4 个沙场，按合同每年要给村集体带来近 10 万元收入。以前沙场的利润基本上都进了承包商的口袋，村民受益很少。其中有个沙场占地 100 多亩，20 年承包费 4 万元，2018 年才交清。

2012 年 7 月，伊宁县委、政府出台《伊宁县开展农村集体"三资"清理整顿工作实施方案》，深入拓展"治村强村"工作，举刀斩向制约村集体经济发展的"乱麻"。借这

转场

股强劲东风，李元敏也展开了行动：封路！不重签合同，就不让一车沙子"流出"盖买村。这一下沙场老板着急了，态度也改变了，主动上门请求协商。

通过重新发包、签订合同，李元敏理清了账目，规范沙场的管理，完善了合同内容。仅此一项，以往是"空壳村"的盖买村，已经到账沙场承包费44万元。新合同里，盖买村党支部、村委会明确要求，沙场承包商要无偿为本村村民提供盖房子的砂石料。去年村里修建了8公里的砂石路，砂石料就是由沙场承包商提供的。今年开工的480户安居富民房，所有农户都可以半价从沙场购进砂石料。"这才真正算是咱们村的沙场啊！"村民们交口称赞。

以往的盖买村，账面上没有一亩机动地。"三资"清理展开后，李元敏带着村干部们重新丈量、核定亩数，愣是从人均耕地仅1.5亩的盖买村"挤"出了345亩机动地，为村里52户年轻人划分了宅基地。阿布力克木·阿布力孜就是享受了这一实惠的村民之一，现如今，他正忙活在自家噌噌"疯长"的新房工地上，"现在看着新房一天天盖起来，咱盖买村也越来越漂亮，谁还敢说'盖买盖买，喜根吉开买'？"

刘锦德这样描述自己眼中的李元敏："自身家庭经济条件好，成长在自己工作的村子，有清晰的工作思路和鲜明个性。"刘锦德说，当基层办接到上级通知，无论是哪种形式的农村工作调研，总是会很刻意地规避开盖买村："李元敏对待村民的感情是朴实的，工作是踏实的，付出是无私的。这样的村干部可遇不可求，但却是我们这个时代最为渴求的那一种村干部。我们只是希望，李元敏能不受这类'打扰'，放大她的工作能量，继续为盖买村的明天努力。"

一天，村干部告诉李元敏，村口的林带要粉刷石灰了，找不到人干活。李元敏说："让妇女主任找上6个年轻媳妇，石灰料钱、工钱村委会出，这钱让咱盖买村人自己赚！"

农村低保能否真正发到最困难的农户手中，也是一个十分敏感且容易得罪人的事。2012年，李元敏作为"一肩挑"领头人上任才一个月，就召开村民大会，让大家公开评议哪些人符合低保条件。结果28个人被淘汰下来，另外28个确实困难的人享受了国家这一惠民政策。

这两年伊宁县实施"治村强村"，盖买村的干部也从5人增加到11人。村干部队伍壮大了，各项工作也应该更有成效才对。李元敏把整个行政村按巷道划分成一个个片区，每个干部负责哪个片区分工明确。她自己负责第三村民小组的四条巷道，总共有村民120户。"每户人家每月至少会去走（访）一遍。白天没时间就晚上去。"李元敏说，村干部上门收取养老保险和新农合（个人自筹部分）时，通常会和村民闲聊几句，问村民有什么困难，或者有哪些意见建议。"我不去，他们也会找到家里来。"李元敏从小在盖买村长大，和不同民族的乡亲们就像一家人一样。而且她维吾尔语说得好，还有一个维吾尔族名字——杰米拉，和少数民族村民交流毫无障碍。

"还是没有钱。"走访中，李元敏听到最多的还是经济问题，农民希望政府帮助他们多争取些贷款，以便早点把安居房盖起来；还希望村里统一建养殖小区，因为各家各户院落有限，发展家庭养殖空间不够。"老百姓朴实得很，就看你怎么跟他们打交道。"李元敏谈到，最近两年，只要村里五保户或者低保户家中有人去世，她都会和其他村干部

杰米拉撑起盖买一片天

慈祥长者

一道上门吊唁，同时以村"两委"的名义送去300元慰问金。

盖买村80岁以上老人有18人，其中年龄最大的今年已经96岁。村干部逢年过节也会带上慰问品去看望他们，一些老人感动得搂着村干部哭。

在盖买村维吾尔族农户家里，无论是正在喂牛的阿合旦，还是妻子生病、自己动手挤牛奶的亚热买买提，都表示村里这几年治安情况好转了，连小偷小摸的事也很少发生了。

除了村里强化治安力量，驻村民警和协警每天晚上在村里巡逻等措施以外，李元敏认为很重要的一条是从前年开始，县里每年冬天开展富余劳动力大培训。年轻人大部分参加培训去了，每天天不亮出门，天黑了才回村，精力都集中在接受军训、学习技能方面。一到开春大家赶紧外出打工挣钱，游手好闲、寻衅滋事的人少了，社会风气当然不一样。

即便是那些失过足的人，村干部也不会歧视他们。村里有个"两劳"释放人员，家里5口人，只有3亩地，两口子身体还不太好。去年夏天李元敏想办法给他家申请了一个低保指标。

一条吉里格朗沟，把盖买村一分为二。沟上过去没有桥，村民往来很不方便。去年通过争取上级资金，村里开始在吉里格朗沟上架桥，很快就可以通行。

村里部分农户吃的是手压井打的水，这几年随着地下水位下降，靠手压井已经解决不了村民饮用水需求。村里通过一事一议，每户村民出资150元，加上县里配套的资金，将自来水管接到这些农户家中。

在此之前，2011年9月，也是通过一事一议，3个村民小组的村民按每亩地出资20元自筹资金，再加县里提供的资金，修了9公里砂石路——过去那3个自然村居民点内部都是泥巴路……

今天的盖买村让人耳目一新，而对于盖买村的明天，李元敏也有自己的"野心"："我希望今后的盖买村，可以'我家大门常打开'！无论是哪个民族的兄弟姐妹，都能住上漂亮房子，走在干净的柏油路上。"在李元敏的努力下，许多维吾尔族农民已经开始细心向汉族种植户学习大蒜种植技术，400亩大蒜的种植规模已经形成；在最近的冬季大培训中，两个砌筑工班的小伙子成绩突出，成为安居富民房工地上的主力……

现在盖买村里又流行一句话："盖买盖买，谁都愿来！"